조윤주 사설시조집
눈물 껍데기

상상인 시인선 *048*

눈물껍데기

•본문 페이지에서 한 연이 첫 번째 행에서 시작될 때에는 〈 표기를 합니다.
•저자의 의도에 따라 작품의 보조 동사와 합성 명사는 띄어쓰기가 달라질 수 있습니다.

시인의 말

꽃을 볼 마음으로 꽃을 심었으나 꽃은 피지 않고 무심코 버들가지를 꽂았더니 나무 그늘을 이루었다는 중국 속담처럼 꽃을 탐낸다고 해서 꽃이 내게 오는 것은 아니다. 나무가 꽃을 줄 때까지 기다리는 수밖에 없다. 내게 있어 시는 그런 것이다. 무심코 바라본 것들이 말을 걸어와 시심을 툭 친다.

여기에 수록된 시 대부분이 목마르거나 간절한 것들의 찰나가 조각이 되고 퍼즐이 되어 완성된 것들이다. 우연히 땅에 꽂았더니 뿌리가 내려 그늘이 된 삽목挿木의 처음처럼, 그 처음이 아스피린의 원료가 된 버드나무처럼, 내 시가 누군가의 가슴에서 한 줄의 문장으로, 이미지로 기억된다면 더없는 영광이요 기쁨이겠다.

한국전쟁 중 이산가족이 된 분에 관련된 시가 10여 편 함께 수록된 점을 말씀드린다. 직계가족이 월북하면서 남쪽에 남아 있던 가족들은 빨갱이로 몰려 피바람이 불었다. 감시와 처벌 이데올로기의 파놉티콘panopticon의 굴레에서 가족은 죄수였다. 은둔자의 삶, 치유하지 못하고 가슴에 묻은 이야기들……. 하지만 미리 속단하지 마시라. 어둠을 먹고 빛을 뿜는 꽃들처럼 에너지의 파장을 통해 시의 지문指紋이 애써 다른 색채로 피어나기를 바라며, 자발적 유폐를 동력으로 삼은 시들도 수록되어 있으므로.

차례

1부 꽃 아닌 날 없다

벚꽃	19
폴리아모리	20
엄마는 모천으로 회귀 중	22
2006.6.8 죽음을 만지다	24
지구라트	26
괄호	28
풀	30
가벼워서 오래 남는	32
꽃 아닌 날 없다	34
눈물은 오래된 문장을 갖고 있다	36
장마	38
눈물 한번 스윽 닦아도	39
양육	40
가벼운 산보	41

2부 눈물과 기도는 명약 중 명약

포개진 빛   45

빨갱이   46

감은 눈   48

기다림   50

극진한 안부   52

이산가족 상봉하던 날   54

그녀의 아버지   55

빨갱이 2   56

거미 가족   57

낙지   58

당신   59

만년의 사색   60

가시면류관   62

겨울 산   63

3부 씨앗 하나의 힘으로

지붕 위의 잠   67
덤   68
모성의 안쪽   70
씨앗 하나의 힘   72
옹벽 혹은 서표   73
이별을 먹다   74
J의 기호   76
레드우드   77
황두메기고   78
숲   80
점 하나를 열고   81
인생의 광장에서   82
접착제는 어디에   84
오기   85

4부 바윗덩이가 말랑했던 기억

파동 89
여행자나무와 할머니 90
하지정맥류에 대한 소고 92
봄까치꽃 리나 94
황홀한 고백 95
각주 96
요정의 숲 폭포 98
바윗덩이가 말랑했던 기억 100
단단한 살 102
어떤 스님 104
벌레 105
방일리 느티나무 106
귀로 읽는 성전 108
계집애 110
절화의 일주일 그리고 삽목 111

해설 _ 눈물껍데기에 숨은 사설시조의 형체 113
주영숙(문학박사·시인·소설가)

ptimize
1부

꽃 아닌 날 없다

벚꽃

아무리 불러도 귀를 막은 사람
그런 당신의 발길 멈춰 세우려면
무더기로 피었다가
무더기로 낙화하는 수밖에
한두 송이 피어봐야 핀 줄도 모르니까
백두에서 한라까지
구름꽃으로 필 수밖에
당신이 버리고 간 꽃잎 박힌 시간들
내가 한겨울에 삼킨 눈발들
그것들 고통이었다고 외쳐도
당신에겐 들리지 않으니까
일 년 열두 달 중
한 보름쯤은 미친 듯이 피었다가
미련 없이 낙화하는 거지
그리고 흔적도 없이
꽃 진 자리에 푸른 잎 밀어 올리면
구멍 난 가슴 조금은 환해질 것 같으니까

폴리아모리[*]

안개가 앞을 가려 한 치 앞도 보이지 않을 때
당신은 안개 한 움큼 꺾어 내게 주었다
꺾은 만큼 창窓이 생기고
당신의 마음이
볼록 렌즈 사이 점 하나를 찍었다

점 하나 느리게 굴러간 자리

꽃은 살아 있을 때만
기억을 저장하는 것은 아니다
사랑은 팔딱거리는 생물이라고 했지만
방어전으로 치러지는 지루한 섹스를 보며
프리저브드 꽃preserved flower이
집안 곳곳에서 늙어갔다

규칙은 냉장고에서 시들어가는 야채
스와핑, 폴리아모리에 대한 기사를 보다가
뜬금없이 당신을 사랑한다는 징표로
현관문 앞에 장대비를 세웠다
장대의 힘으로 탈출구를 닫은 안식의 힘
〈

어제를 드래그해 복사한 날들처럼
오늘이 표정 없이 흘러가고
폴리아모리의 반경이 늘어날수록
따뜻한 것들이 뱉어낸 슬픔은
오래 기억되지 않았다

비독점 다자연애, 신품종, 신문화
몇 종류의 알몸을 꽃병에 꽂아 놓고
당신을 반으로 꺾을 수 없어
눈물은 몇 날 며칠 수직으로 내렸다

의식과 무의식의 혼몽昏懜
몸 깊은 곳에서 손바닥 뒤집듯 흔들리며
문밖을 나가는 당신이 보였다
하루도 쉬지 않고 내리는 비를 신고 다시 돌아와
브래지어 끈에 대고 묻는 것이다
우리 스와핑 할래?

* 폴리아모리polyamory: 두 사람 이상을 동시에 사랑하는 다자간 사랑을 뜻하는 말. 폴리아모리를 지향하는 사람들은 일부일처제를 비판하여 일부는 집단혼 형태로 가족관계를 형성하기도 한다.

엄마는 모천으로 회귀 중

　넘어져 등뼈를 다친 엄마는 몇 덩어리의 큰 슬픔을 등에 지고 사셨어. 병원에서 깁스하고 누워있어야 뼈가 제대로 굳는다는 의사 말씀 휴지통에 버리고 자식 농사에만 전념하던 당신. 아버지가 청춘을 봇짐에 담아 저세상으로 간 후 그것들 다 자신의 죄인 양 거품 물고 올라오는 슬픔을 삭여 텃밭에 거름으로 쓰셨지.

　부러진 등뼈가 부풀어 스피노사우루스 공룡의 화석을 닮아갈 때 굽은 등으로 똑바로 누울 수 없었던 등짝이 펴지던 짧을 찰나를 봤어

　장례지도사가 슬픔의 실오라기로 만든 천을 모아 염을 하던 날 앞가슴을 두 손으로 눌렀을 뿐인데 수십 년 굽었던 등이 뚝 소리를 내며 펴지더군. 키가 큰 늘씬한 가냘픈 낯선 노인이, 낯선 장례지도사 앞에 누워있었어.

　"천국으로 가셨을 것 같군요. 얼굴이 아주 평안하고 몸이 사납지 않아요. 어떤 분들은 단단하게 몸이 굳어 수의를 입힐 수가 없어요. 얼굴도 험악하고요."

　노잣돈 사이로 던져준 위안을 곱게 펴 상복의 옷고름을

고치던 그날

  시간이 박제되어 삶의 가보家寶가 되는 것을 봤어.
  우리 식구들은 가끔 붉은 눈물로 그날을 꺼내 이야기하거든.

  굽은 것들을 열면 강을 거슬러 올라오는 물고기처럼 슬픔이 지느러미를 파닥이며 꼬리를 쳐
  기억이 알을 낳으려고 모천으로 자맥질하는 중인가 봐

2006.6.8 죽음을 만지다

1
죽음을 손으로 만진 적 있습니다
발끝에서부터 굳어가는 냉기가
심장에 도달한 시간은 고작 반나절,
매초마다 실핏줄에 걸려 시간이 넘어지더니
사랑과 미움, 남루한 이름이
숫자가 되었습니다
밤 9시 55분
죽음이 호명되었고 냉동되었습니다
그때 빙산에서 떠내려온 얼음 조각이
바다에서 맥없이 녹는,
한 생애의 뒷모습을 보았습니다

2
그래요 죽음을 눈으로도 만진 적 있습니다
'죽은 자식을 떠나보내지 못해
등에 업고 다니는 제주 남방큰돌고래'
온 힘을 다해 밀어내도 맥없이 열리는 사후의 문
고래 등이 한없이 부풀어 오르는 것을 보았습니다
아무리 가슴을 쥐어짜도
결코 줄어들지 않는 고통의 부피

〈
푸른 멍이 엎질러진 바다를 볼 수 있는 것은
상처가 끝없이 이어지기 때문이겠지요
누군가는 슬픔의 사체를
바다 비린내라고 하고
누군가는
짜디짠 바닷물을
살아 있는 것들의 눈물이
스며들었기 때문이라고 했지요

3
영혼의 기쁨은 꽃으로 가고
눈물은 바다로 간 날
죽음을 꺼내 장례를 치러요
삼일마다 망자가 바뀌는
슬픔을 말리는 방
오늘은 누가 주인일까요

지구라트[*]

그의 손바닥엔 살을 양생養生해 지은 성전聖殿이 있다
손가락을 접었다 펼친 숫자만큼 쌓인 고난의 집
90도로 땅에 닿을 듯 몸을 숙여야만 피어나는,
살의 꽃 약지 중지 집게손가락의 하중을 받치고 있다
무시와 냉대, 긴 여정을 돌아와 칼을 들이대도 꿈쩍 않고
도려내도 통증 없는 지구라트다
폐지를 싣고 사계절을 굴리는 그는
날마다 기도를 쌓는다
몇 해의 밤과 낮이 계절을 바꿔도
기도의 응답은 갈비뼈 아래에서 칩거 중
닳고 닳은 지문 속에서 길을 잃은 지 오래다
정수리에 흘러내린 땀방울 성서처럼 이고
지그재그로 걷는 곡절의 통로
하루에도 몇 번씩
바닥을 끌고 오르막길을 넘는다
그가 리어카를 세우고
잠시 흙 주름의 얼굴을 닦는 시간
나무들은 맑은 빛을 되새김질해 그늘을 펼친다
부드러운 방향으로 뻗어가는
굳은살의 뿌리 깊다

* 지구라트ziggurat: 성탑聖塔, 단탑段塔이라고도 한다. 고대 메소포타미아의 각지에서 발견되는 건축물로 일종의 신전이었다.

괄호

장미꽃을 자세히 보니 ((((()))))
겹겹의 괄호들이 서로를 품고 있다
면과 선이 일정한 기울기가 같은 괄호들, 그것들
노란 수술들이
꽃 속의 혀를 꺼내 말을 걸어온다
하고 싶은 말이 많은 것은 너뿐만이 아니다
한 사내의 자갈밭을 열고 냉이꽃이 피고
밤새 홍수가 쏟아진 개울물은 제멋대로 넘쳐
남의 집 논두렁까지 뭉갰다
그걸 뻔히 알면서도
너에 취해, 너만 바라보다
두근거리는 가슴 받들어 한 송이 꺾었을 뿐인데
너는 점점 더 팽팽하게 솟아오르고
둑은 더욱 말랑해져 사내의 마음까지 전부 먹어치웠더라

그렇게 괄호들이 애를 태우며
열렸다 닫히기를 몇 번
시간은 시간끼리 더욱 돈독해졌는지
사내는 늘 싱글벙글이다
가끔은 불룩 솟아오른 괄호를 쓰다듬기도 하고
태동胎動 이야기를 하며 웃는다

만삭이 된 임산부
닫힌 괄호 속이 따뜻하다

풀

누가 저 들판에 당신을 심어 놓았을까

한 포기의 풀이 뙤약볕을 견디고 있다
갈증과 고갈이 앞서거니 뒤서거니 하는 동안
풀 끝이 먼저
타들어 가는 속내를 보이며 널브러졌다

마른 잎사귀들은 풀의 비명
아니 혓바닥이다
소리를 지르고 지르다
목울대를 놓쳐버린 것들 속
남아 있는 천 개의 혓바닥이
땅을 붙잡고 안간힘이다

마른 땅이 함께 입을 열고
제 살을 열어
풀 한 포기를 지켜내는 시간
수직의 벼랑을 타고 내려온 눈물이
몇 날 며칠
뿌리를 향해 몸을 굴린다
〈

별의 깃털이 반짝이는 어둠 사이로
상강霜降을 앞에 둔 웃자란 풀들
더는 견디지 못하고 신음을 토해낸다

바람이 목청을 높여
함께 우는 밤이다

가벼워서 오래 남는

노인 보조 보행기가 굴러가는 각도를 읽어요
한세상을 열고 닫던 당신의 눈꺼풀은
이제 수동으로도 열리지 않아요
널브러진 약봉지, 주인 잃은 옷들과 가구들이
제각각 당신을 꺼내 읽어요
이파리 하나 떨어지듯 피항아리 터진 사과를 보다가
가볍게 정리되는 삶이 어색해
불행의 징표가 된 흰머리를 쓰다듬어요
슬픔은 숱이 적은 올 다 풀린 임종의 끝
마른기침을 닮았어요
당신을 닮아 가파르게 비탈진 사과밭
희극보다 비극이 많았던 주름 사이에
천둥의 흐느낌을 장마라고 읽어요
그래요 장마가 지속되는 것은
아직 당신의 마음에 구름이 가득하다는 것
당신이 지켜내야 할 봄이 있는 것이라고
당신이 웃어요
약을 치고 거름을 주며
제멋대로 굴러가는 방향에
전지剪枝를 하고 어루만지던 땀방울의 각도

내가 당신의 봄인 줄도 모르고
태풍에 봄이 날아갔다고 국밥을 먹어요

꽃 아닌 날 없다

생명이 있는 것들은 꽃 아닌 날 없다
꽃이 잠시 보이지 않을 뿐

무 싹이 몸속에 가둬두었던 꽃을 밖으로 밀어낸 시간
잘린 무의 상부를 지탱하던 뚝배기 물이 줄어드는 것 보인다

그 몸부림의 치열함으로 꽃 아닌 날 없다
모든 것은 시간이 필요할 뿐

무 싹이 줄기를 세우고
제 몸의 살로 꽃을 빚듯
버려진 슬픔에
꽃몽우리가 조롱조롱 들어 있음이다

깊고 깊은 날숨과 들숨이 꽃이 되고 잎이 된다

물 한 모금으로 가슴이 뜨거워지는
무처럼
인고의 아름다움이 환희로 피는 날 있다
〈

시간의 마디마디에 푸른 잎 세우고 사노라면
꽃 아닌 날 없다

화관花冠을 만드는 뜨거운 줄기에
잠시 응축되어 있을 뿐

눈물은 오래된 문장을 갖고 있다

*

살갗에 먹물이 고였다
손등에 퉁퉁 불어 있는 마침표
캐내고 캐내도 들러붙는
검버섯 같은 생

손은
희로애락을 움켜쥔 삶의
낡은 겉표지다

**

당신의 어깨는 대부분 앞쪽을 향해 기울어 있다
팔을 뻗으면 배불리 먹일 것만 같았던 억척
당신은 불의 크기를 조절하며
군침을 버무린다

땀방울이 엉킨 주방 환풍기
땀이 졸아들어 누런,

***

일상의 젖은 옷을 입고 떠돌던

당신 수의에
빨주노초파남보 생각을 염색한다
모든 실핏줄을 꺼내 삼키는 흙의 아가리
산사태 속으로 빨려 들어간 당신

절개된 흙의 입술이 닫힌다

장마

잊겠다 잊어버리겠다 잊을 것이다
그렇게 맹세를 해도 소용없는 일이었다
올해도 장마는 계속되었고
우산만 한 크기의 위안을 받쳐 든 나는
천둥 번개를 동반한 폭우를 감당하지 못했다
그것은 오래도록 참았던 하늘의 눈물 같은 것

(빗줄기가 떼를 지어 허공을 헤엄치는 시간)

점점 풀숲처럼 자라나는 기억을
부둥켜안고 흐느낄 때가 있었다
하지만 그것만으로는 비울 수 없어
아무도 보는 이 없는 곳을 찾아 목놓아 울었다
그렇게 수많은 날이 가도
좀처럼 장마가 곁을 떠나지 않을 때
늑골에 낀 그리움으로
하늘은 밤새 우렛소리를 내며 제 가슴을 쾅쾅 쳐댔다
그렇게
늪에 빠진 시간을 견디고 있었다

(외로움이 굵어져 장대비가 되고 흉기가 되는 시간)

눈물 한번 스윽 닦아도

명치끝 바위를 흔들며
울 엄니 세상 밖으로 가시려는지
저승 문 두드리고 계신다
당신의 울화 덩어리 세상 안에 놓아두고
목소리도 걸어 잠그고
휑한 두 눈으로 나를 버리실 채비를 한다
"산 입에 거미줄 치랴!"
위로의 넋두리를 놓아두었던
당신의 퍼런 멍을 에워싼 혈관이 보이고
눈과 눈 사이
온 힘을 다해
두 눈으로 깜빡깜빡 부호를 써 내려간다
눈을 마주하고도
엄니의 부호를 읽을 수 없어
끝내 읽을 수 없어
뒤척인 자리에 통곡을 쏟았건만
대물림된
엄니가 삼킨 바위 하나
내 명치끝에 놓였다

양육

몰라, 차마 바라볼 수 없어 눈물이 나
백 년 전 어느 날
바위가 제 몸의 살을 열어 나무 한 그루 품었나 봐
뼈를 열고 심장을 열어 넘어지지 않도록
뿌리 잡아당기는 소리 들려
몰라, 차마 바라볼 수 없어 눈물이 나
천 길 낭떠러지
몸 밖으로 뻗은 생명 다칠까
육중한 몸 돌아눕지 못하고
백 년을 버티고 있어
잠시라도 잠에 취해 새끼를 놓칠까
단단하게 굳어버린 몸
바람과 이슬로 끼니를 채우며
고난의 시간을 견디고 있어
깎아지른 절벽 위 나무 한 그루
흔들릴 때마다
눈물이 닫힌 것들을 열고 있나 봐
비탈을 틀어쥐고
한평생을 걸어온 어머니의 굽은 등에서
산의 울음소리 들려

가벼운 산보

바닷가 모래사장에서
개미들 줄지어 서로 소통하는 것을 보고
눈물방울 크기의 빵을 그들의 길 위에 놓아주었다

몇 분도 안 되어 까맣게 모여든 개미들
빵 위에 올라타 탐색 중이다

가만히 살펴보니 어느새 빵을 잘게 베어 물고 옮겨 나르고 있다

허기의 빗장을 열어젖힌 이 지상의 개미 한 마리
그곳에 내가 끼어 있다

빗방울이 떨어지고 미처 귀가하지 못한 개미들을 보며
주섬주섬 빈 도시락을 챙긴다

잘그락잘그락 젓가락 부딪치는데

어쩌나, 길 잃은 개미 한 마리
도시락 보자기에 붙어 허둥댄다

세상살이에 겨우 엉겨 붙은 내가 보인다

2부

눈물과 기도는 명약 중 명약

포개진 빛

2014년 2월 15일
빛과 빛을 포개면 낮이 되는 것처럼

엄마는
이산가족 상봉 날을 앞두고 쇼핑을 나섰다
북으로 보낼 여러 가지 선물을 챙기는 마음이
하나 둘 셋 넷 보따리 숫자처럼 늘었다

헤어지면 언제 다시 볼 수 있을까
짐을 싸는 손가락에서 고사목의 뿌리가 보였다
한숨과 설렘이 봉합된 60여 년의 시간의 솔기가
툭 터져
거실 가득 설렘이 끓어 넘쳤다
찢어진 혈육의 자성磁性
지남철의 본성이 표출될 것이다

당신의 완성된 소원이
갇혔던 우묵한 눈물이
아주 잠깐 고사목을 적셔 잎을 피울 것이다

빨갱이

그러니까 엄마의 출생일은 1936년 10월생 김혜선인데 평생을 1934년 4월생 김순연으로 사셨어.

엄마의 기억으론 엄마의 언니와 형부가 1950~51년 즈음 월북하고부터 엄마의 가족은 날마다 피바람이 불었다고 해. 기관에서 엄마의 부모를 데려다가 "딸년과 사위 놈 찾아내라"고 각종 고문을 했고 엄마의 엄마는 시신도 찾지 못하고 어디선가 억울하게 고인이 되셨다지. 엄마의 아버지는 궁여지책으로 김순연은 월북한 것이 아니라 여기 살고 있고 김혜선은 죽었다고 혀가 빠지도록 증명하셨다지.

그러니까 6·25가 발생한 시점 엄마의 언니 나이는 17세, 엄마의 형부는 22세. 그 젊은 청춘들이 무슨 이념으로 월북을 했겠어. 엄마의 고향이 황해도 해주니까 어린 시절 고향에 대한 기억이 좋았던 곳을 향해 피난을 갔을 뿐이라는데······.

그러니까 시대를 잘못 태어났다고 그 시절 다 억울하다고 그렇게 말하지 말아줘. 평생을 남의 이름으로 살다가 보상이니 민주화니 그런 굴레 속으로도 들어가지 못하고 아웃사이더로 살다 간 사람도 있어.

〈
 빨갱이란 이름만 들어도 산이 흔들리고 벼락이 치던 그런 생애 때문에 자신의 삶을 뒤주에 가둬 스스로를 생매장한 채로.

감은 눈

지렁이가 삽에 찔려 흙으로 돌아간 때
쥐약을 먹은 쥐를 먹고 독수리가 죽었을 때
피해자는 있는데 가해자는 장막 뒤에 있는
불관용과 불관용이 부딪쳐 전쟁으로 치달을 그때에
[티벳에서의 7년] 영화를 봤다

건축 현장 삽질에 지렁이가 죽으면 안 된다고 모든 생명은 존중받아야 한다며 지렁이들을 골라 다른 곳으로 이주시키는 장면은 시간이 지나도 기억 속에서 자주 상영되었다 살아있는 사람은 그래도 살아야 한다 위안의 계단 사이로 불현듯 가슴팍을 치고 흔들며 올라오는 공포, 엄마는 당신의 부모가 폭력에 끌려가던 기억의 손들을 돌탑 사이에 끼워 넣고 암자에 가서 자주 불공을 드리셨다

어느 날 내 사주가 글로 풀어져 호수에 그림자로 읽히던 계절 당신은 어린 나를 불상 앞에 앉혀 놓고 아미타불을 외치셨다

산짐승들의 울음을 먹고
해를 잡아먹는 산을 보며 하산한 나는
〈

아침 햇살에 창문을 타고 들어오는 한 움큼의 빛을 가지런히 포개 종교를 개종했다 죽고 사는 것이 혀의 권세에 달렸나니……. 잠언 18장 21절을 외우면서 죄가 스며들어간 혓바닥의 뾰루지를 그 뿌리를 들여다보고.

기다림

12살 소녀가 8살짜리 남동생을 둔 가장家長이 되었을 때
마을 밖까지 나갔던 귀는 돌아오지 않았다
배고픔과 기다림의 허기가 우거진 갈대밭
어느 늪에서 길을 잃은 걸까

동생 잘 돌보고 있으면 다시 돌아온다던
유랑을 떠난 아버지의 소식을 좇던
그녀
기다림이 깊을수록 난청은 계속되었다

돋보기로 들여다본 소문

누가 귀에 눈을 붙여두었나

동서남북 가로막힌
번진 말[言]의 살갗이 일어
생과 사의 경계에서 기우뚱댔다
푸석푸석 갈라진
죽은 자의 이름 쪽으로 기우는 마음의 경계
간혹 불어오는 바람이 말라비틀어져 쇳소리를 냈다
〈

감감무소식을 허기로 때우며
소녀는 헝클어진 검은 머리카락처럼 자라고
우묵하게 파인 두 눈 아래
산등성처럼 커진 광대뼈
버짐이 각을 세워 일어섰을 시간을
당신의 딸이 당신의 나이가 되어 파노라마처럼 들여다보고

극진한 안부

엄마는 북으로 갔다는
당신 언니에 대한 생사를 몹시 궁금해했다
아옹다옹 함께했던 시간들을 곱씹으며
벌겋게 충혈된 눈으로 탄식을 자아내는 날들이 많았다

대한적십자에 이산가족 상봉 신청을 해놓고
엄마가 내뱉는 속 타는 한숨은
천 개의 불을 살가죽에 엎질러 놓고
고문을 견뎌내는 사람처럼 보였다

60여 년째 여전히 생사를 확인 중이던 그때
소식이 찾아왔다

"북에 계신 것으로 확인되었습니다."

그렇게 학수고대하며 성사된
2014년 2월 21일 이산가족 상봉 날에
당신의 언니는 한 달 전
고인이 되었다는 안타까운 소식을 접하며
금강산호텔
북에서 내려온 조카들을 껴안고

통곡했다

눈물 콧물로 서로 얼굴을 비비며
겨우 받아 든
당신 언니의 사진 한 장
낯선 노인이 낯선 노인의 사진을 오래도록 보고 계셨다
60여 년의 거대한 세월을 움켜쥔
두 손이 파르르 떨리는 것이 보였다

이산가족 상봉하던 날

2014년 2월 21~24일 금강산호텔에서 이산가족 상봉이 있었어. 북측 엄마의 언니 김순연 대신 엄마의 조카들과 상봉했지. 남한에서도 김순연 북에서도 김순연.

60여 년 만의 재회. 조카들이 가져온 사진 한 장에 뚝뚝 떨어지던 눈물. 반세기가 넘도록 품어온 그리움. 눈물의 사리함을 넣어둔 엄마의 눈 밑 두덩이가 점점 더 부풀어 올랐어.

눈물은 깊고 그윽한 가슴의 언어.

서로 부둥켜안고 합수쳐 통곡의 물살로 굽이져 있었지. 곧 헤어져야 할, 마음을 다잡아도 해일처럼 풍랑처럼 밀려드는 감정의 파도.

지금 별세한 두 김순연 씨는 다른 별에서도 이름이 같을까.

그녀의 아버지

2020년 6월 8일 그녀의 사망신고를 하고 가족관계증명서를 봤어. 그녀의 엄마 이위숙李渭淑 1908년생 한자에서 보듯 맑은 강으로 흐른다는 멋진 이름을 가지셨어. 경주이씨. 그런데 그녀의 아버지는 이름만 덩그러니 있을 뿐 생년월일도 본적도 없는 거야.

그녀가 어릴 때 들려주시던 이야기. "아버지는 아내가 고문으로 죽고 본인도 다시 언제 또 고문을 당하실지 몰라서 아예 호적을 파낸 후 유랑자로 떠돌아다니시다가 세상을 등졌다"고.
한자漢字도 없는 한글 이름에 출생 연월일도 없지만 그녀가 입에 달고 사시던 말씀 "나는 의성김씨야. 어릴 때 아부지가 귀에 못이 박히도록 말씀하셨지."

그 당시 그녀의 나이 겨우 12세 그녀의 남동생 8세를 두고 유랑길을 택해야만 했을 그녀의 아버지.
귀 쫑긋 세워 당신 자식들 안부를 묻다 돌부리에 수없이 넘어졌을

무릎 다 닳은 그늘

빨갱이 2

바위와 바위 괄호 속에서 태어났다
척박한 땅 풀들은 죽어가고
공허한 하늘만 가득한 부도수표 같은 날들
빈 몸 대신 빚이 그렁그렁 쌓이는
괄호 속에 갇힌 채 멀뚱거리는 나무
벼랑 끝에서도 방울을 달고 짐을 부리듯
괄호 하나를 열고 닫고
오늘은 태어날 괄호도 없는
그녀를 본다

거미 가족

오, 허공에 우뚝 선 집을 짓고 뭇 생명을 초대하여
그들의 불타는 눈동자를
내려치고 싶은 욕망이어라
내가 놓은 사슬에 걸려드는 것들에게
올가미를 씌우고
가슴속에 깊이 숨긴 죄를 도려내어
영혼을 파먹고 싶은
땅을 디뎌야만 살 수 있는
먹고 먹히는 세상을 끌어내어
허공 속에서도 잠들 수 있음을

오, 그러나 꿈이 닫힌 날개다
베란다 끝
네 기둥을 훔쳐 살고 있는 밀입주자이어라
시름시름 앓다 곤두박질칠 이승의 악몽이어라

낙지

빨갱이란 명사가 아닌 동사다
손가락질 끝에
빚더미를 끌어안은 끝이 보이지 않는다
세상살이 저편에서 쳐놓은
그물코에 걸려 똥물까지 다 게워 세상을 향해 던졌지만
그들은 아직 더 게워내라고 한다
이리 뒹굴고
저리 뒹굴고
허리가 아프도록 멍석말이에 사정을 해도
뾰족한 수가 없는데

도마 위에 올려놓고

마지막 춤을 즐기는 자들이여

그래 다 좋다
더 이상 무너질 것 없는 인생살이의 끝자락을 찢어
홰를 쳐라

그래 나는
접시 위에서 마지막 춤을 추고 있는 토막 난 낙지다

당신

당신의 장남 한호가 첫 손주를 안겨준 날 입가에 번진 미소는 고목에 핀 꽃처럼 아름다웠습니다. 꽃의 살이 너무 연약해 쉽게 물러지고 상처가 난다며 가지 맨 위쪽에 꽃을 두고 귀하게 바라보던 당신.

2020년 6월 8일 밤 10시 45분

이파리 하나하나 나뭇잎의 감정까지도 남편에게로 모두 담아 가셨는지 집 뒤 당산나무는 더 이상 숨을 쉬지 않습니다. 그날 이후 나뭇가지들을 찬찬히 훑어보니 모두 곤 ㅣ자字였습니다. 당신이 뚫고 간 슬픔, 비애, 그리움으로 일가一家를 이룬. 때론 매섭고 때론 부드럽고 때론 억울함으로 서럽게 울던

먹먹함을 유산으로 남겨주신 당신.

만년의 사색

비가 하늘로 그냥 맥없이 돌아간 적 있더냐
대지의 초목을 적시고 갈증의 구멍을 메꾸고
제 할 일 다 한 후에야
제 몸에 묻은 잔여물까지 털어내며 돌아가는 것이다

앉아서 쉬는 시간도 아까워
수건으로 툭툭 부지런히 길을 가며
검불을 털어내던 당신
하늘나라에서도 그 버릇 못 고치셨는지
잠시 지상에 내려와
부지런히 제 할 일 하신다

비가 땅에 닿아 잠깐 뜀박질할 때마다 파이는 작은 구멍들
그것들
땅에 에너지를 심는 찰나여서
지상 모든 것들의 바짓가랑이가 젖고

당신의 딸이 거주하는 도시 한복판
빌딩의 유리창과 틈을 구석구석 돌아 청소를 하고
그것도 성에 차지 않다는 듯
웅덩이마다 제 몸 부풀려 상처를 덮는

〈
만년을 사색해도 다 알 수 없는
내 안의 당신

가시면류관

여인 몇이 공원을 돌 듯 내가 당신의 둘레길을
종종걸음 합니다

잎이 흙으로 돌아가기 위해서는
모든 실핏줄을 꺼내
여러 색깔로 울긋불긋해져야만 가능하다는 것
당신을 그리워하는 마음으로
나무는 한 계절을 꼬박 휘청거린다는 것도 알았습니다

멀고 먼 길을 떠나시는 날
임종을 지켜드리지 못한 저의 죄로
계절이 돌고

당신이 평생을 어머니와 언니를 그리워했듯이
제가 이제 당신을 그리워합니다

쇠사슬보다 질기고 강한
가시면류관을
삼킨
당신

겨울 산

 각질 툭툭 벗겨지는 나무의 살갗이 앙상하게 뼈대를 드
러내놓고 서 있다
 휘청,
 엄니의 인생을 고스란히 옮겨 놓은

3부

씨앗 하나의 힘으로

지붕 위의 잠

어둠을 날카롭게 할퀴는 고양이 울음
비명에 가까워 새벽잠을 열었을 뿐인데
고양이 울음이 내 울음이란 것을 알았다
당신을 보내야 한다는 것을 알면서
당신의 심장을 오래도록 붙들고 싶어
연잎 위에 떨어진 물방울을
들여다본다
도르륵 바람에 맞춰 구르는 저 물방울이
고양이의 울음이 뭉쳐 구른다는
낯선 생각에 젖는다
진흙투성이가 된 당신을
연못 위에 올려놓고
갸르릉 갸르릉
부드럽게 비벼대던 고양이 한 쌍을
떠올리는 것이다
밤이 무게를 견디지 못하고 부러지는 것은
그리움에도 중량의 크기가 있기 때문이라는
생각 지우지 못한다

덤

국도변 쉼터
옥수수를 삶는 양은솥
삼켰던 뙤약볕을 푹푹 뱉어내며 펄펄 끓는다

허물만 남은 옥수숫대들 사이
빛을 굴려 작은 구슬을 꿰어 걸은
거미줄도 보인다

꽃가루가 제대로 수정되지 않아
듬성듬성 박힌 옥수수는 덤이라며
옥수수를 파는 주인이 맛을 보라고 건넨다
옥수수 수염 한 가닥이 옥수수 한 알이라는
꽃가루받이에 대한 설명을 듣다가
청상과부 아부지의 그림자를 끼고 살아온
당신의 손을 잡는다

거센 비바람을 막아낸
두툼한 껍질 같은 당신이
듬성듬성 박혀 상품이 되지 않는
덤으로 주는 옥수수 같은 당신이
모처럼

달다
맛있다
웃는다

모성의 안쪽

두려워 마라!
코브라가 알을 품고 있는 어미 닭을 공격할 때
어미는
날개를 한껏 부풀려 그 목을 쪼더라

온전한 생은 주변 모든 것들의 눈을 깨우고
생까지 덥혀야 가능한 것
하여, 어미는 코브라의 눈을 피하지 않는다

누가 보이지 않는 것이 시간이라고 했느냐
질기고 질긴 모성애로 시간은 **뼈**가 되느니라
너의 몸을 지탱하는 것은 거룩한 사랑이다
날개를 들여다보라!
어미의 물리고 베인 상처 위에서 너의 맥박은 뛴다

코브라가 약자의 둥지를 떠난 적 있더냐
사방이 날름거리는 혀와 독이다
그래도
두려워 마라!
두 날갯죽지를 열면 보송보송 솜털 가득한
체온의 방이다

〈
이 지상에 사랑으로 도태되는 비행飛行도 있나니
꼬끼오 꼬꼬꼬꼬
돌고 돌고 돌아도 마당 한 바퀴의 생

새털 같은 날들을 새털처럼 품고도
결코 새가 될 수 없었던 솜뭉치 같은 생애

뒤돌아보지 마라
헛날개 펼쳐 몸을 부풀린
매서운 눈물과 마주하리라

씨앗 하나의 힘

봉오리가 피어나도록 온 힘을 다해
자신의 에너지를 물려주고 껍데기만 남은 꽃
시든 것이 아니라
다음 것들에게 에너지를 준 것인지
씨앗 하나가 퍼져나간 길을 걷다 보면
구불구불 울퉁불퉁 사투를 벌인
흔적을 볼 수 있습니다

꽃은 결코 혼자 피지 않습니다

밤사이 바람의 발을 빌려 언덕을 오르고 내려가며
서로의 터전을 살폈을 꽃들 사이
누런 이파리들이 제 한 몸 썩어
거름이 되겠다고 뿌리 곁에 더 가까이 누워있습니다

언덕에도 시멘트 틈에도
사방팔방 온 마음 다하여 피어나는 그 힘
당신의 혈통입니다

옹벽 혹은 서표

시멘트를 반죽하다 보니 알겠네
거푸집에 척척 개어 올린 회색가루
강인함을 자랑하던 어머니의 속은
인내와 인고의 비율이라는 것을
모래알이 시멘트 가루 속에서
지탱의 무게에 서표書標를 꽂는 동안
누군가에게 마냥 기대고 싶은
집 한 채가
당신인 것을 알겠네
삐걱삐걱 집이 육탈肉脫하는 소리 들리네
무너지는 산기슭에 힘겹게 자리한 집처럼
당신의 몸은
앙상하게 뼈만 남았네
지아비 떠나고
자식들 다 키워내고 나니
아프지 않은 곳 없다며
주먹을 쥐고 종아리를 손수 치던
가만가만 펼쳐보니 빗금이 가득하네
금이 간 옹벽에서
당신이 견뎌낸 세월을 보네

이별을 먹다

몸 촘촘히 굵은 가시가 박히는지
입안에 고인 울음 깊다
당신은 상처가 심해
밥 한 숟가락 넘길 수 없다고 했다
입과 코에 주렁주렁 호스를 낀
침묵
병원 울타리
가시 많은 탱자나무를 흔들다가
탱자나무로 누운 당신을 보다가
나무에 박힌
가시 숫자만큼이나 당신을 생각했다
이승에서 바람막이 나무로 살았던
당신의 삶
천 개의 불이 엎질러진 몸의 열꽃들을 잘라
레몬나무를 접목할까
탱자나무가 레몬나무로 바뀌는 꿈을 꾼다
접순이 마르지 않게
당신의 상처가 보이지 않게
수의壽衣 대신
접목용 테이프를 감아주고 싶은 꿈
버리지 못한다

그래도 꼭 가시려거든
주렁주렁 자식 많이 달린
청상과부 말고
지아비 사랑 가득한
천국으로 가시라!
그곳이라면 당신 가는 길에
꽃이 되겠다

J의 기호

뛰어오는 아이를 품에 안는,
울고 있는 사람의 어깨를 품는
평화와 위안 사이
신의 기호가 언뜻 보인다

두 팔을 벌리면 드디어 완성되는 인간 십자가

오묘한 긍휼이다

품는다는 것
적를 썼는다는 것
저 너머로 가는 신세계

구원이 바로 여기에 있는 것이구나
두 팔을 벌려
품고 품고 품고 쓰다듬으면
미천한 바닥이 위가 되는 되돌림의 법칙

모든 만물의 근원
그분이 미소 짓고 계실 것 같아
두 팔을 벌려
위아래로 흔들어본다

레드우드

"캘리포니아에 사는 레드우드는 천년을 산다
지진도 풍파도 거뜬히 견디는
그 비밀이 궁금해
식물학자 몇이 나무뿌리를 캐내기 시작했다

끝을 알 수 없는 곳
뿌리가 껴안고 있는 것은 다름 아닌 커다란 바위
나무가 지상에서 푸르게 나부낄 수 있도록
반경을 그리며 마음껏 춤출 수 있도록

뿌리는
24시간을
아니 사계절을
아니 천 년을
말없이 껴안은 바위를 놓지 않는 것이다"

J!
지구를, 인간을 온몸으로 들고 계시는
당신.

* 고 조용기 목사의 설교 중에서 인용.

화포메기국[*]

    김해 국도國道 휘어진 자리, 속을 말갛게 우려낸 메기국집 있다 삼대를 이어온 메기의 비린 세월은 그녀의 몫, 화포천의 갈대가 자신이 그려놓은 반경을 굳건히 하듯 그녀는 미식美食을 살려 식구를 늘린다 얼큰하고 시원한 한 그릇의 끼니 캬! 그녀가 슬픔을 발라내고 우려낸 이 맛은 살아있는 자의 환희, 그것은 침샘에 잠들었던 기억을 깨우는 일, 미처 숨기지 못한 그녀의 세월 함께 딸려와 씹힌다

    화포천 갈대바람이 오래도록 울고
    한 사내가 즐겨 드시던 소박한 입맛
    눈에 어른거린다
    봉화산 목울대에 걸려 있는 비애悲哀
    눈시울에 벌겋게 가시를 박는다
    눈물이 여물어 먹먹한 것일까
    마른 눈물 안으로 길을 내며
    부딪는 소리 들린다
    화포천이 한 뼘 더 깊어진 자리
    밤마다 늑골에 쌓인
    비린 옷 한 벌을 벗는 낮은 지붕 보인다
    그녀가 고단함을 툭툭 털어두는 뒤꼍
    목질화된 초화草花들이 군침을 삼키며

고개가 기울어지는,

* 고 노무현 대통령이 즐겨 찾던 식당.

숲

태풍 불고 비 오는 오늘 보니
키 큰 나무들이 먼저 모진 비를 맞고
한결 부드러워진 후에야
아래로 흘려보내는 것이었습니다
작은 나무들은
혹여 큰 나무들이 쓰러질세라
땅에 엉덩이를 붙이고 앉아
나무들의 밑동을
작은 손바닥 부르트도록 붙들고
지구 중심 저 깊은 곳에서부터
서로가 서로의 뿌리를 잡고 기대며
끈끈하게 뭉쳐
한 덩어리로 살고 있는 것이었습니다
흙손이 되던 날 잠깐 본
흙의 피처럼
암갈색 나무의 표피를 보면서
씨도둑은 못 한다는 어르신 말씀이 생각나
혼자 웃었습니다
누가 한 명이라도 아프면
한 빛깔로 어두워진다는 것을
숲은 아주 오래전부터 알고 있었습니다

점 하나를 열고

보일 듯 말 듯 한 점에서
돋아난 푸른 날개
그 날개
누런 떡잎 질긴 가죽이 될 때까지
한 아름 안은 속살 품고 또 품는다
두 팔이 경직되어 근육이 찢어져도
깍지 낀 팔 풀어헤칠 생각이 없다
그것은 부드럽지만 단단한 알의 표피
배를 쫙 갈라보면 노른자위 선명한
또 하나의 집 보인다
그렇게 지켜낸
노란 고갱이 가득한 김장배추
타원형의 알을 굴리며 뿔뿔이 떠나고
그제야 누런 떡잎
경직된 제 거죽을 풀어
이젠 거름이나 되어 보겠다고
흐물흐물 흙의 귓부리를 잡고 속삭인다
아낌없이 다 풀어낸 생애를 닫으며
너 누군가를 이토록 오래 껴안아 본 적 있느냐
슬쩍 묻는다

인생의 광장에서

지하철역 바깥
나무 궤짝 하나가 전부인 그의 가게는
몇십 개의 엿들이 보기 좋게 잘려져 있었고
광대 차림 그의 눈동자에
발길이 멈춰 섰다
영하 20도를 넘나드는 냉동된 가난
하지만 햇살의 문은 좀처럼 열리지 않았다
엿장수의 몸놀림이 점점 뜨거워지고
나는 그때 처음으로
목청을 다해 노래로 답하는
가위의 곡조를 들었다
끊어질 듯 이어지는 경쾌한 박자는
애써 슬픔을 감추려는
차이콥스키의 고뇌가 숨은 듯도 했다
가난한 숨소리가 절반을 차지한 인생의 광장
나는 오랜 시간 그곳에 머물렀다
주머니의 돈은 달랑거렸고
사랑은 적립된 이별로 뒹굴었다

그의 널빤지 위에 영혼이 묶인 겨울
하늘과 땅은 입안에 쩍쩍 달라붙는

고통의 엿가락을
살아있는 자들의 목젖으로 밀어 넣고 있었다
불구멍을 든 신호등이
엄동설한을 멈춰놓고
냉동된 터널을 지나야 봄이 온다고
키득거리는 계절이었다

접착제는 어디에

골목길 담벼락에
한물간 여배우의 슬픔을 알리는
포스터의
세 귀퉁이가 떨어져 있었지
바람은 남은 한 귀퉁이를 떨어뜨리기 위해
강한 비바람을 몰고 와 불고 있었지
담벼락을 자극하는 유행 지난 관능도
결코 늙지 않는 바람風도
바람을 막지 못했지
나는 눈을 떼지 못하고
한쪽 귀퉁이만 간신히 붙어 있는 생애처럼
구겨질 것도
더 이상 찢어질 것도 없는 그것들과 함께
펄럭거렸지
세상 밖으로 밀려나지 않으려고
발버둥 치는 포스터 위로
날마다 가혹한 바람은 불고
날은 점점 더 뜨거워지는데
점성이 바닥난 채로
귀퉁이 한쪽을
오랫동안 붙들고 있었지

오기

가끔은 비가
강력한 접착제가 된다는 것을 안다
낙엽이 길바닥에 납작 붙어 떨어지지 않을 기세다
더 이상 양보는 없다는 듯
시멘트 바닥에 누워 시위를 한다
한 번쯤은 세상을 향해 패악을 부려보고 싶은 것
그것은 사실 내 안에서 떠도는 낙엽
자연으로 돌아가기 직전의 길 위에서
어디엔가 명패 하나 남기고자
마지막 발악이라도 해보고 싶은 것이다
오기傲氣로라도
누군가 기억하는 이름이 되어야 하는 것 아니겠냐고
시비를 걸다 지쳐
바닥에 찰싹 붙어
마지막 숨을 내뿜는 것이다

4부

바윗덩이가 말랑했던 기억

파동

꽃대궁이 한참을
흔들리는 것을 보았습니다
그대가 앉았던 자리가
구겨지고 펴지는 것은
흔하디흔한 파동일 뿐인데
그대의 걸음에 따라
구겨졌던 것이 펴지는 것뿐인데
왜 내가
그대가 앉았던 마음의 크기만큼 흔들리는지
기억의 온도와 바람의 크기만큼 흔들리는지
그대와 내가 밀어 올린 화염을 생각하는 한낮
그대에게 내 마음 들킬 수 없어
꽃대궁이 흔들린다고 태풍 분다고

여행자나무와 할머니

인도네시아엔 잎에 물을 도르르 말고 있는
여행자나무가 있다
여행자가 목이 마를 때 언제든 마시라고
사계절 서 있는 그런 나무 사이로
할머니가 종이상자 몇 개 얹은
유모차를 밀고 간다
둥지 떠난 새집을 몰고 간다
새끼 키워낸 빈 둥지만 남은 유모차
꼬부라지는 허리의 무게를 견뎌낸다
물을 거머쥐고 견뎌내는 잎의 고통쯤이야
무감각한 일상이 된 것처럼
기억을 풀어내며 나날이 젊어지는 유모차
할머니의 다리는 여섯 개로 늘었다
굴러가는 네 개의 발과
걸어가는 두 개의 발로
힘은 더욱 강해졌다
수많은 잎 속에 물을 가둔
이파리의 숫자만큼
유모차의 바퀴가 돌아간다
어느새 발아래 가득 차오르는 저녁 빛
멍든 하루를 쓰다듬는다

저 너머에서 할머니를 찾는
목마른 전화벨이 울린다

하지정맥류에 대한 소고

직업이 목수인 사내의 종아리에 생긴 굵은 뿌리는
그가 풍파를 견뎌낸 시간이 준 훈장이다
하늘 아래 땅 한 평 없는 하루벌이
새벽 별들의 한숨을 연마해
치솟는 집값에 대못이라도 박고 싶을 때
사내는
망치로 자기 손을 때린 날의 실수도
헛된 순간이 없었노라
중얼중얼 먼지 낀 성대를 씻는다
손톱 열 개를 다 바쳐야
기술자란 밑천이 생기는 것이라고
휘청거리는 허리를 움켜쥔 사람들이
모여드는 인력사무소
너덜거리는 새벽이 잠을 털어낸다
하루 일당의 홍정이 끝난
끊어질 듯 이어진 사각지대
오래도록 버틴 힘으로
더운 살점의 혈관이 돌고
힘점과 작용점 사이
비계飛階에 올라탄 그가 보인다
〈

건설 현장 지지대를 점검하며
다리에 붙은 뿌리들이 빨판을 꺼내
사방으로 영역을 넓힌다
목에 두른 수건 한 장
그의 땀을 성스럽게 품고 있다

봄까치꽃 리나

안양천변에 봄까치꽃 지천으로 피어 있다
천㎞에는 제법 살이 오른 잉어 몇 마리
물보라를 일으키며 유유자적하고
이제 막 첫돌 지난 리나의 발걸음을 따라
봄의 뼈마디가 굵어져 간다
"어엄마, 어엄마 해봐 리나야"
딸아이가 말을 가르치는 동안
기역 니은 아 야 어 여
막 솟아난 앞니와 어금니 사이를 빠져나온 옹알이
나이 먹는 인생은 즐거워라!
갓 태어난 자음과 모음이 문장을 만들다 이내 구겨진다
나이 먹는 인생은 즐거워라!
봄까치꽃 영역을 넓히며
보랏빛 작은 꽃을 꾸역꾸역 밀어 올린다
사랑이 지천으로 피어난 공간
자영업자의 한숨과, 근심을 모아
먼저 핀 냉이꽃 자글자글 봄을 끓인다

더도 말고 오늘만 같아라!
세상의 아름다운 옹알이들이 꽃망울을 터트린다
팡팡!!

황홀한 고백

비가 오지 않아도 흠뻑 젖는 날이 있듯
비가 내려도 가슴이 쩍쩍 갈라지는 날 있다
그러나 쉿! 겁내지 마라
대지는 누군가 밟고 지나간
패인 상처에
보란 듯이 꽃을 피워낸다
우린 그렇게 밟힌 자리에
뜨거운 체온을 버무려 꽃을 피우는
웅덩이 하나씩 갖고 사는 것
사랑과 이별 행복과 불행은 늘
삶의 바깥과 안 사이를 오고 가는 희로애락인 것
저 너머에서 봄이 오듯이
그대 아픈 자리에
배냇짓 하는 꽃망울 하나
원시의 초록으로 일어나
상처를 덮을 것이니
그대 사랑의 늪에 빠졌다 해도
자신의 귀를 잘라내는
고흐의 절망은 잊어라
지나 보면 모든 수렁은 황홀한 것
그곳에서 낯선 생명의 기쁨을 맛보니

각주

당신은 떨어진 누런 나뭇잎엔
손금이 산다고 했다
감정이 없는 감정선을 가졌다고
플라타너스의 커다란 귀를 만지며
엎질러진 말에 말[言]을 보탰다
잎에 길이 선명하게 찍힌 것을 보고
당신은 잎맥일 뿐이라고 웃었지만
당신을 갉아먹은 미세한 톱니 자국들,
벌레가 휘갈겨놓은 밑줄이 보였다
나는 당신을 읽으며 분재 양팔에 철사를 감는다
내안의 내가 당신을 향해 뻗어가는 감정마다
새순이 자라나는 방향마다 칭칭 감는다
몸무게를 줄이듯 높이를 줄이고 뻗어가는 뿌리를 줄이고
앉은뱅이나무가 되라고 감는다

끝을 맺은 짧은 문장 마지막에 붙은 각주처럼 사계절을 돌아와 발길을 붙드는 당신을 한 마디의 명사로도 서술하지 못하고 뒤척인다 바람이 반쯤 헐어 진물 가득한 낙엽의 등을 밀어 굴린다 당신 가슴에 안긴 날 베수비오 화산을 기억한다 불의 상처를 먹고 사는 기억들로 내 몸은 여전히

활화산이다

당신의 등엔 천 길 낭떠러지가 산다

요정의 숲 폭포

흰색을 발색하기 위해서
처절하게 자신의 몸을 부서트리는 폭포
일제히 하강하며 찰나 속 그림이 된다

누군가의 배경이 되기 위한 궁휼일까
사진을 찍고
폭포가 완성된 그림이 되어 퍼져나갈 때

수직으로 떨어지면서 바위에 부딪치고
모서리에 닿아 찢어진
상처 난 것들을 쓰다듬고 품은 자리
푸른 멍이 모여 옥색 소(沼)가 되었다

부서진 것들을 어루만지는
치유하는 신(神)과
밖을 향해 끊임없이 솟아오르는 에너지와
무지갯빛 궁전으로 이뤄진 신들의 집에서
열린 배수로를 타고 내려온 요정이
휘어지고 꺾인 것들을 쓰다듬으며
큰 눈을 깜빡이는 찰나

〈
저 멀리 무지개가 뜨고

바윗덩이가 말랑했던 기억

깨진 조각들이 일제히 뭉쳐
하나가 된 힘
지층을 조심스럽게 들여다보면
빙하기에 살았던 식물들과 동물들이 뒤엉켜
어느 날
흩어졌다가 다시 뭉친 선사시대 사람들과 부족 사람들
사슬과 사슬이 연대해 내려온
억척스런 한생 인류가 들어 있다

눈물과 기쁨이 한 덩어리로 뭉쳤다가
제 살을 떼 내 무늬가 되고 돌상이 되고
등을 기댈 수 있는 언덕이 되는

저 큰 덩이도
처음은 그냥 말랑한 숨이었을지도

서로의 사람이 서로의 당신이
오랭의 시절을 추억하는 것도
돌이나 모래알이 우리의 조상이어서 가능한 일
문명이 발흥하기 직전의 우리는
하나의 조상에서 분화된 것일 뿐

아니 창조된 것일지도

일만 오천 년을 거슬러 내려온 입술로
당신에게 키스를 하는 이 기적의 통로도
산호초가 해수면 위로 융기해서
암석이 되는 시작의 중간 즈음이겠지

단단한 살

건조와 부패의 경계에서 방향이 정해지는 생물
반 건조된 납세미를 손질하다 본다
비바람에 제 몸 맡긴 채
썩지 않으려고 얼마나 발버둥 쳤는지
똑바로 뜬 두 눈 죽어서도 감기지 않는다
그런 분투로 불가역적인 감칠맛을 만들어 낸

비워야 맛있다
아니 어쩌다 몸이 부풀어진 권력자가
배후와 배경을 벗고
청빈의 친구가 된 것처럼
간 쓸개 다 비운 채
납작납작해져서야 더 맛을 풍기는 오묘함

바다를 버리고 지느러미의 기억조차 비우고
오롯이 제 살을 내주는 꼬들꼬들한 저녁

눈과 귀를 가리던 사람들 다 떠나고
겹겹이 껴입은 겉옷까지 벗어놓고
잘 살아냈다 잘 견뎌왔다
서로의 밥그릇에 큼직한 무 한 조각 올려놓고

어깨 한번 툭툭 두드린다

제 몸의 단단한 살을 아낌없이 내준
자박자박 맵싸하고 달달 짭짤한 납세미 조림이
바닥을 드러낼 즈음

오매! 기다렸다는 듯
함박눈이 펑펑 쏟아진다

무표정한 전구알까지 반짝반짝 눈을 뜨는 순간이다

어떤 스님
-2023년 12월 자승스님을 기억하다

살아야 할 현실이 살아야 할 먼 길처럼
물먹은 나뭇등걸이다
뿌리
없는
몸통이다
도끼날에 찍혀 불이 되는 열반
스님 한 분 스스로
장작이 되는 걸 뉴스로 본다

벌레

간당간당 실뿌리를 붙잡고
마른기침 같은 줄기가 흔들린다

푸르게 올라오는 싹들을 본 지가 엊그제 같은데 오늘 보니 구멍 숭숭 형체도 알아보기 힘들다 줄기에 잎에 배추인 척 달라붙은 시퍼런 벌레들, 약을 뿌릴 것인가, 잡을 것인가, 갈아엎을 것인가

분명 배추 잘못은 아니다 힘이 없다는 죄뿐, 대대로 이어온 권력의 터전, 가까이 보니 아부하며 기생하며 파먹는 꾼들의 세상이었구나! 오직 남의 탓이라고 입만 열면 떠들어대는 그 많고 많은 벌레들, 누군가 기회를 노려 몇 마리를 잡았다고 매스컴이 들썩인다

교묘하게 먹다 남긴 암호 같은 줄기들 햇살만 들락거리며 물증을 수집 중인가
더듬거린 자리마다 뜨겁다

방일리 느티나무*

바라본다
5백여 년의 시간을 몸 안에 가두고 있는 큰길가 느티나무
몸 절반을 시멘트로 채운 고목나무에 이파리 돋는다
수십 수만의 입으로 푸른 실을 뱉어내 지은 오래된 木家
햇빛이 몸을 눕혔다 일어선 자리 오뉴월도 덩달아 쉬었다 간다

나무 아래 흑과 백 슬픔의 돌을 나눠 쥐고 바둑 두는 노인들
"이놈아 외로움이 형벌인 것을 몰랐더냐?"
그들의 유년을 기억하는 나무 흔들린다

붉은 노을이 하늘 어깨에 매달리고
포르르 기도문을 마친 새들이 날아간다

아하, 나무가 500여 년을 견뎌온 것은 이들의 성전이었기 때문
나뭇가지 칸칸 선과 악 에덴동산 우주 목의 피가 흐르고,
인도 가야산 보리수 석가모니 손 너머
나무에 기댄 내가 보인다

〈
울퉁불퉁 꺼끌꺼끌한 수피 속에 잠깐 세 들어 사는 목숨

 * 경기도 가평군 설악면 방일리 245-1번지에 있는 보호수. 이 느티나무는 1982년 10월 15일 가평군 제12호 보호수로 지정되었다. 수령은 약 580년인데, 가평군에 있는 모든 보호수 가운데 최고령의 보호수로서 생물학적으로 보존 가치가 크다.

귀로 읽는 성전

팔월,
십자가나무를 짊어지고 매미는 기도 중이다
삼복더위는 암묵적 고행
신이 준 45일 동안 불평은 허락되지 않는다
한순간에 일어나는 기적은 없다
기도가 깊어
회오리처럼 깊은 울음에 대못 하나 생긴다
고막이 뚫리고 창이 뚫리고 벽이 뚫린다
땅속에서 애벌레로 칠 년
천둥 번개, 풀죽 한 솥, 울음 한 덩어리
온몸으로 녹인
매미는 모태 신앙이다
그런 기억, 그런 몸부림도 없이
밥이 남아도는 세상에 태어난 나는
이단異端의 자식
투덜대고 미워하고 부러워하고
환한 세상 대못 박는 악마다
성호를 긋고
두 손을 모아 뒤늦은 회개를 해도

부러진 햇살 무늬 빗살은 회초리로 읽힌다

득음得音으로 터져 나오는 고음高音
목의 결절을 감추며 떼로 달려든다
이파리의 푸른 피가 더욱 울창하게 솟는다
소리가 모여 목숨이 된
기도하며 뱉어내는 펄펄 끓는 온도로
계절이 돌고
벗어놓은 허물에서 예수의 도포자락이 설핏 보인다
중력의 법칙도 소용없는 광속光速으로
무한대의 질량을 쏟는 광장
나무는
한여름에 잠깐 형刑을 집행하는 예배당
기도하고 흩어지는 십자가다

계집애

애야 조금만 더 기다리렴. 너의 주인이 올 때까지. 얼굴에 한 겹 두 겹 감았던 실크 원단을 펼치는 장미꽃,

싱싱해야 살아남는 세상이란다. 간절한 기도 발길 멈춘 투명유리문

꽃집 그녀 꽃 냉장고 안에 꽃을 넣고 들여다본다. 가만 들여다보니 속살을 밀착시킨 꽃 겹과 꽃 겹들 서로 강하게 붙잡고 있다
  탄력 느슨해지면 꽃봉오리 밖
  그땐 짓밟힌 계집이다

잠시 후 한 다발의 꽃이 낯선 이를 따라 떠나고
싱싱한 꽃 속에 섞인 시든 꽃 한 송이 솎아낸다

꽃 냉장고 밖, 목덜미 푹 숙인 말라비틀어진 내가 수북하다

절화의 일주일 그리고 삽목

바다에서 건져 올린 생선처럼
양재 화훼 도매시장을 막 빠져나온 꽃들
촌각을 다투며 팔딱거린다
장미 수국 프리지아 카라 백합
뿌리 없이 일주일을 견딘다

뿌리에 바짝 힘 올려 세상에 나가
기 좀 펴보겠노라 다짐하던 욕망
도시로 허리 잘려왔다
공판장 간판 아래 와자지껄
몸값이 지불된 자리 찢어진 입술 보인다
너무 순한 울음 뭉개져 바닥에 꽃물 든다
너와 내가 팔딱이다 막힌 물관을
사선으로 잘라 흙에 심는다
기억이 뿌리를 내릴 것이다

■ 해 설

눈물껍데기에 숨은 사설시조의 형체

주영숙(문학박사·시인·소설가)

1.

　조윤주 시집 『눈물껍데기』의 화두는 눈물이다. 시인은 눈물을 빚고 빚어서 투명한 꽃으로 변형시키고자 골몰한다. 어디서 어떻게 울어야 할까를 고민하다가 드디어 심상의 어느 언덕에 주저앉아 한바탕 사설을 털어놓고야 마는 시인. 그리고 보니 홍수같이 범람하던 그 눈물이 껍데기만 남았고, 시인은, 아니 독자는 다시 껍데기가 알맹이던 때의 추억에 빠져 느긋한 헤엄을 친다. 이야말로 기막힌 문학 치유법이 아닐 수 없는데, 이 사설들은 보통의 넋두리가 아닌 정형시로 읽힌다. 여기에서 연상되는 사설은 18세기 사람 연암 박지원의 글이다.

나는 매양 모르겠네/소리란 똑같이 입에서 나오는데도/

즐거우면 어째서 웃음이 되고/슬프면 어째서 울음이 되는지/

어쩌면/웃고 우는 이 두 가지는/억지로는 되는 게 아니다/

감정이 극에 달해야만 우러나는 게 아닐지/나는 모르겠네,/

이른바 정이란 어떤 모양이건대/생각만 하면 내 코끝을 시리게 하는지./

그래도 모르겠네/눈물이란 무슨 물이건대/울기만 하면 눈에서 나오는지./

아아, 남이 가르쳐주어야만 울 수 있다면/나는 으레 부끄럼에 셔워 소리도 못 내겠지./

아하, 이제야 알았다./이른바 그렁그렁 이 눈물이란/배워서는 만들 수 없다는 걸.//

― 『연암집』 10권 「사장士章(선비의 글) 슬픈 사설」 '뒷부분'

사설시조는 평시조와 함께 가장 한국적인 우리 고유의 문학 장르이다. 정조 시대에 『열하일기』로 문체반정의 원흉이라 지목되었던 연암의 한문 문장은 산문이고 운문이고 간에 대부분 사설시조로 구분된다. 게다가 '사설'이라고 콕 집어 제목에 놓은 것은 반드시 사설시조로 드러난다. 모든 글을 사설시조 형식으로 썼기에 문체반정의 원흉이라 지목받았던 것인지도 모른다. 그런데, 문체반정이라곤 꿈도 꾸지 않았을 조윤주 시집 『눈물껍데기』 시가 모두 사설시조로 구분된다. 터지기 직전의 울음이 일렁일렁 눈물꽃을 피우고 있는 이 시편들은, 한 음절의 어휘도 버리지 않고 꼼꼼하게 갈고 닦은 표가 확연하다. 반들반들 윤이 나기도 하고 반짝반짝 빛이 나기도 하며, 독자가 읽고 또 읽어 고소한 맛이 나도록 장치하였다. 놀라운, 천재성이 다분한 시인의 발견이다. 그래서인지, 사설시조, 아니 시조라 말하지 않았는데도 시편들 한편 한편이 모두 정형의 몸을 하였다. 하므로 시의 완성도 및 성취도가 한껏 높다랗다.

현대에 이르러 사설시조가 간신히 그 명맥을 유지하고 있다는 느낌을 지울 수가 없다. 고시조와는 달리 현대시조 작법에서는 자수 중심을 탈피한 걸음 중심의 시조로 발전되고 있는데도, 오로지 자수 중심의 시조 작법에 갇혀 옆도 돌아보지 아니한 나머지 자수 중심의 시조만 시조인 줄 아는 시인이 수두룩하다. 하물며 사설시조에 있어서랴. 통탄할 일이다. 평시조가 양반 문학이고 사설시조는 평민 문학이라느니 외설이라느니 하며 사설시조를 시조가 아니라고 주장하는 꽉 막힌 문인들이 적지 않다는 말이다. 그러나 미안하지만 사설(사설시조)의 발생 시점은 평시조보다

훨씬 앞서 있는데, 문헌에서 입증하자고 해도 2년은 앞섰다.

(초)이런들 어떠하며 저런들 어떠하리(3, 4, 3, 4)
(此亦何如 彼亦何如 차역하여 피역하여)

(중)만수산 드렁칡이 얽혀진들 긔 어떠리(3, 4, 4, 4)
(성황당 뒷담이 무너진들 긔 어떠리)
(城隍堂後垣 頹圮亦何如 성황당후원 퇴비역하여)

(종)우리도 이같이 얽혀 백 년까지 누리리라(3, 5, 4, 4)
(我輩若此爲 不死亦何如 아배약차위 불사역하여)
「하여가」(청구영언 17)

(초)이 몸이 죽고 죽어 일백 번 고쳐 죽어(3, 4, 3, 4)
(此身死了死了 一百番更死了 차신사료사료 일백번갱사료)

(중)백골이 진토되어 넋이라도 있고 없고(3, 4, 4, 4)
(白骨爲塵土 魂魄有也無 백골위진토 혼백유야무)

(종)임 향한 일편단심이야 가실 줄이 있으랴(3, 5, 4, 3)
(向主一片丹心 寧有改理與之 향주일편단심 영유개리여지)

- 「단심가」(청구영언 40)

  이 둘은 알려진 바대로 자수 중심의 평시조이고, 학계에선 통상 「단심가」를 평시조의 시작점으로 보기도 한다.
  한편 변안렬(邊安烈, 1334~1390)이 노래했다는 「불굴가」는 중장이 길어진 사설시조로 구분되는데, 장과 총 12마디(4+4+4)의 빗금을 표기해보면 다음과 같다.

  (초)내 가슴에/구멍을 뚫어/골을/만들어놓고//(4, 5, 2, 5)
  (穴吾之胸洞如斗 혈오지흉동여두)

  (중)기나긴 새끼줄을 꿰어 넣어/앞에서 당기고 뒤에서 밀며 갈아대고 찢을망정/마음대로 하여도/나는 군말하지 않겠다만//(11, 19, 7, 10) (貫以藁索長又長 관이고삭장우장 前牽後引磨且憂 전견후인마차알 任汝之爲임여지위 吾不辭 오불사)

  (종)내 임을/빼앗겠다면/나는 절대로/따르지 못하겠다//(3, 5, 5, 7)
  (有欲奪吾主 유욕탈오주 此事吾不從 차사오부종)

  변안렬이 미리 지어놓고서 수시로 읊었겠다고 파악되는

노래다. 당시 유행하던 노래를 시인의 입장에 맞춰 한시로 적었을 가능성도 있는 것이, 『청구영언』 등에 게재된 익명의 노래들이 그 증거이겠다.

가슴에 궁글 둥시러케 뚤고

왼숫기를 눈길게 너숫너슷 뷔여 쇼아 그 궁게 그 숫 너허 두놈이 두긋 마조자바 이리로 훌근 져리로 훌적 훌근훌적 훌저긔는 나남즉놈대도 그는 아모꼬로나 견듸려니와

훌나나 님 떠나 살라ᄒ면 그는 못 견딜까 ᄒ노라
— (고금282/가곡605/청구833)

'내 가슴'이 아니라 '가슴에 구멍을…'로 시작되는 이 노래에 가장 근사치의 해석을 적용하여 현대의 글로 옮기면서 총 12마디(초4+중4+종4)의 번호를 매겨보면 다음과 같다.

(초)①가슴에 ②구멍을 ③둥실하게 ④뚫고

(중)⑤외가닥 새끼를 눈 길게 어슷비슷 비벼 꼬아 ⑥그 구멍에 그 새끼줄 넣고 두 놈이 두 끝을 마주 잡아 ⑦이리

로 훌근 저리로 훌적 훌근훌적 할 때는 나남적대거나 말거
나 ⑧그는 아무쪼록 견디려니와

(종)⑨행여나 ⑩임 떨어져 살라 하면 ⑪그는 그리 ⑫못
하리라.

『산해경』에 등장하는, 지체 높은 사람의 가슴 구멍에 막대기가 끼워져서 역시 가슴에 구멍 뚫린 두 하인이 앞뒤에서 가마에 태워 매고 가는 삽화가 연상되는 노랫말이다. 이는 사설시조 소재를 동양고전에 속하는 『산해경』에 기술된 '관흉국'이나 '천흉국' 사람에게서 캐릭터를 빌려오기는 했을지언정 사설시조의 가사가 음란하거나 외설스럽다고 규정지음은 편견이라는 사실의 입증이 아닐 수 없다.

어쨌든 관흉국이나 천흉국 사람들에겐 오히려 영광스럽고 성스러운 행사이겠지만, 애당초 없던 구멍을 일부러 뚫고 거기에다 새끼줄을 넣어 들락날락하게 만들다니, 이야말로 고통의 극치가 아닐 수 없고, 이로써 한문시 「불굴가」는 한글판 사설시조 표기와 뭉뚱그려 다시 풀이해야 확실한 의미를 지닌다는 걸 알 수 있는데, 이는 '내 가슴팍에 구멍을 뚫어 거기에 새끼줄을 넣고 앞에서 당겼다, 뒤에서 당겼다 들락거리게 하여도 그건 참을 수 있지만, 고려를 향한 내 성스러운 지조만은 절대로 굽히지 않겠다'라

고 하는 결사적인 의지의 표명이다.

「불굴가」는 고려왕조를 지탱하려는 신념과 그 신념을 지키기 위한 필사적인 항거의 자세로 죽음을 달게 받아들였다는 점이 「단심가」와 맥락을 같이하고 있기도 하다.

그런데 이 노래는 "조선 개국을 앞둔 이방원(또는 이성계)이 고려 말의 중신들을 회유하기 위해 부른 「하여가」에 응수하여 무관 변안렬이 부른 「불굴가」"라고는 할 수 있어도 "「단심가」와 같은 시기 같은 장소에서 지어진 건 아니다."

게다가 「불굴가」는 다른 두 노래와 달리 사설시조이다. 그래서 「불굴가」의 원형인 「가슴에…」가 대중들에게는 좀 더 친근히었겠고, 그에 따라 많이 불렸으리라 유추되기도 한다. 일찍감치 기록된 이 한문시와 조선조 후기 가집 소재의 국문 노래가 비교적 맞아떨어지는 현상만 보아도 이 노래가 이미 오래전, 『산해경』이 우리나라에서 읽히기 시작한 시점부터 대중들 사이에 활발히 노래로 불러왔음이 드러난다.

이방원과 정몽주가 「하여가」와 「단심가」를 부르고 생사여탈을 한 시기(1392)는 변안렬 사망(1390) 2년 뒤의 일이기도 하여 사설시조가 평시조보다 '먼저'였다는 설을 뒷받침하는데, 그러고 보면 사설시조의 발생 연원이 고려 시대 아니라 그 훨씬 이전일 수도 있겠다는 가설을 낳는다. 평시조의 본령이 사설시조일 수 있다는 말이다.

시집 『눈물껍데기』에서 1부 14편을 시조로 볼 때의 초장(①②③④) 중장(⑤⑥⑦⑧) 종장(⑨⑩⑪⑫)을 적용하여 구분하되 종장 네 마디 중에서 첫 마디와 둘째 마디만 따서 놓는다면 다음과 같다.

벚꽃 : 1수의 사설시조

⑨그리고 ⑩흔적도 없이

폴리아모리 : 4수의 사설시조

1) ⑨점 하나 ⑩느리게 굴러간 자리

2) ⑨스와핑, ⑩폴리아모리에 대한

3) ⑨오늘이 ⑩표정 없이 흘러가고

4) ⑨의식과 ⑩무의식의 혼몽昏懜

엄마는 모천으로 회귀 중 : 3수의 사설시조

1) ⑨그것들 ⑩다 자신의 죄인 양

2) ⑨노잣돈 ⑩사이로 던져준

3) ⑨기억이 ⑩알을 낳으려고

2006.6.8. 죽음을 만지다 : 3수의 사설시조

1) ⑨숫자가 ⑩되었습니다

2) ⑨아무리 ⑩가슴을 쥐어짜도

3) ⑨망자가 ⑩바뀌는 슬픔을

지구라트 : 2수의 사설시조

1) ⑨날마다 ⑩기도를 쌓는다

2) ⑨땀방울 ⑩성서처럼 이고

괄호 : 3수의 사설시조

1) ⑨그것들 ⑩노란 수술들이

2) ⑨남의 집 ⑩논두렁까지 뭉갰다

3) ⑨가끔은 ⑩불룩 솟아오른 괄호를

풀 : 4수의 사설시조

1) ⑨풀 끝이 ⑩먼저 타들어 가는

2) ⑨천 개의 ⑩혓바닥이 땅을

3) ⑨눈물이 ⑩몇 날 며칠 뿌리를 향해

4) ⑨바람이 ⑩목청을 높여

가벼워서 오래 남는 : 3수의 사설시조

1) ⑨제각각 ⑩당신을 꺼내 읽어요

2) ⑨그래요 ⑩장마가 지속되는 것은

3) ⑨태풍에 ⑩봄이 날아갔다고

꽃 아닌 날 없다 : 1수의 사설시조

⑨푸른 잎 ⑩세우고 사노라면

눈물은 오래된 문장을 갖고 있다 : 2수의 사설시조

1) ⑨당신은 ⑩불의 크기를 조절하며

2) ⑨산사태 ⑩속으로 빨려 들어간

장마 : 3수의 사설시조

1) ⑨그것은 ⑩오래도록 참았던

2) ⑨하지만 ⑩그것만으로는

3) ⑨그렇게 ⑩늪에 빠진 시간을

가벼운 산보 : 2수의 사설시조

1) ⑨ 가만히 ⑩살펴보니 어느새

2) ⑨어쩌나, ⑩길 잃은 개미 한 마리

눈물 한번 스윽 닦아도 : 2수의 사설시조

1) ⑨"산 입에 ⑩거미줄 치랴!"

2) ⑨엄니가 ⑩삼킨 바위 하나

양육 : 1수의 사설시조

⑨눈물이 ⑩닫힌 것들을

 시조의 짜임 중 가장 큰 특성은 1) 초장 4마디(걸음), 중장 4마디(걸음), 종장 4마디(걸음)의 3장으로 되어있다는 것이며, 2) 3장의 구성 중 유독 종장만은 첫 마디가 3음절로 고정, 둘째 마디는 5~6음절이라는 점이다. 그러나 사설시조에서는 중장과 종장, 또는 초장에서 본래 모양을 거의 찾아보기 힘들 정도로 구의 수가 늘어남으로써 격식화된 평시조의 형식이 무너지는데, 종장에서만은 첫 마디가 3음절로 고정, 둘째 마디는 5~9음절(평시조일 때의 5~6음절이 아닌 5~9음절까지 허용)이라는 규칙을 지켜야만 비로

소 그것이 사설시조답다. 그리고 초장이 길어지거나 중장이 길어지거나 초·중장이 같이 길어지는 형태, 중·종장이 같이 길어지거나 종장만 길어지는 형태 등 여러 형식으로 변용함이 가능하므로 무척 흥미 있는 시 쓰기의 지침이 될 수도 있다.

「장마」는 3수의 사설시조로 볼 수 있는데, 초장부터 구체적으로 구분해보면 다음과 같다.

1)
①잊겠다 ②잊어버리겠다 ③잊을 ④것이다
⑤그렇게 맹세를 해도 소용없는 일이었다
⑥올해도 장마는 계속되었고
⑦우신민 한 그기의 위안을 받쳐 두 나는
⑧천둥 번개를 동반한 폭우를 감당하지 못했다
⑨그것은 ⑩오래도록 참았던 ⑪하늘의 ⑫눈물 같은 것

(빗줄기가 떼를 지어 허공을 헤엄치는 시간)

2)
①점점 ②풀숲처럼 ③자라나는 ④기억을
⑤부둥켜안고 ⑥흐느낄 ⑦때가 ⑧있었다
⑨하지만 ⑩그것만으로는 ⑪바울 수 없어

⑫아무도 보는 이 없는 곳을 찾아 목놓아 울었다

3)
①그렇게 ②수많은 ③날이 ④가도
⑤좀처럼 장마가 곁을 떠나지 않을 때
⑥늑골에 낀 그리움으로
⑦하늘은 밤새 우렛소리를 내며 ⑧제 가슴을 쾅쾅 쳐댔다
⑨그렇게
⑩늪에 빠진 시간을 ⑪견디고 ⑫있었다

(외로움이 굵어져 장대비가 되고 흉기가 되는 시간)

 놀랍다. "이것은 시조입니다"라는 말을 입 밖에 내지 않았는데도 1부의 14편 모두가 시조로 나타난다는 것, 그것이 참으로 놀랍다. "시조는 예전에 조금 배운 적 있습니다."라는 언질은 있었지만 조금 배운 것 가지고 이 정도로 나타남은 우연이 아니다. 한 편의 시를 지어놓고, 이것이 잘 읽히겠는가, 이것이 독자의 흥미를 유발할 수 있겠는가를 검토하기 이전에 '내'게 먼저 심사를 받아야 함은 기본이다. 그런 면에서 시인 조윤주는 편편이 철저한 자기 심사를 거친 것으로 보인다. 시인은 연금술사라는 말이 있는데, 아마도 이런 시인을 두고 생긴 말인 것 같다.

2.

"나는 빨갱이가 아닙니다!"

그 피맺힌 절규가 아직도 귀에 쟁쟁하다. 왜 그런 말을 했을까? 싶어『눈물껍데기』의 2부를 넘겨보니 첫 소제목이 대뜸「빨갱이」다.

이것은 기록문학일까? 아니면 단순한 산문시일까? 하여 찬찬히 들여다보니 우리의 어두운 역사 이면에 휩쓸려 간 뼈아픈 대서사시가 펼쳐져 있다. 시인은 〈빨갱이-감은 눈-기다림-포개진 빛-극진한 안부-이산가족 상봉하던 날-그녀의 아버지-빨갱이 2〉까지 급격한 흐름을 유지하다가 문득 숨을 고른다. 혹자는 이런 시를 두고 산문시라고 평하기 미련시다. 그러나 단순히 산문시라고 하기엔 미흡하다. 산문시엔 그야말로 일반 시에 나타나는 리듬이 없기 마련인데 조윤주의 이런 시편들에는 편편이 리듬이 존재하기 때문이다. 왜 리듬이 존재하는지를 검토하기 전에 이 시의 전체 줄거리를 훑어보되, 사설시조로 나타나는 부분, 즉 각각의 종장 첫걸음과 둘째 걸음을 짚어서 놓는다.

빨갱이

1. 〈⑨날마다 ⑩피바람이 불었다고 해〉
2. 〈⑨고향에 ⑩대한 기억이〉

3. 〈⑨때문에 ⑩자신의 삶을〉

감은 눈

1. 〈⑨불현듯 ⑩가슴팍을 치고〉

2. 〈⑨한 움큼 ⑩빛을 가지런히 포개〉

3. 〈⑨광대뼈 ⑩버짐이 각을 세워〉

포개진 빛

1. 〈⑨찢어진 ⑩혈육의 자성磁性 | ⑨당신의 ⑩완성된 소원이〉(종장 반복)

극진한 안부

1. 〈⑨벌겋게 ⑩충혈된 눈으로〉

2. 〈⑨그렇게 ⑩학수고대하며 성사된 | ⑨한 달 전 ⑩고인이 되었다는〉(종장 반복)

3. 〈⑨두 손이 ⑩파르르 떨리는〉

이산가족 상봉하던 날

1. 〈⑨그리움, ⑩눈물의 사리함을〉

2. 〈⑨마음을 ⑩다잡아도 해일처럼〉

그녀의 아버지

1. 〈⑨그런데 ⑩그녀의 아버지는〉

2. 〈⑨그 당시 ⑩그녀의 나이〉

엄마는 1936년 10월생 김혜선, 평생을 1934년 4월생 김순연으로 살았는데, 엄마의 언니와 형부가 1950~51년 즈음 월북하고부터 남은 가족에겐 날마다 피바람이 불었다고, 엄마의 부모는 각종 고문을 받았고, 그래서 엄마의 엄마는 시신도 찾지 못할 정도로 억울하게 죽었으며 엄마의 아버지는 궁여지책으로 김순연은 월북한 것이 아니라 여기 살고 있으며 김혜선은 죽었노라고 주장하였고, 살아있는 사람은 그래도 살아야 한다고, 엄마는 이산가족 상봉 날을 앞두고 쇼핑을 나섰다. 북으로 보낼 여러 가지 선물을 챙기는 마음이 하나둘 셋 넷 보따리 숫자처럼 늘었다. 엄마는 북으로 갔다는 당신 언니에 대한 생사를 몹시 궁금해했다. 대한적십자에 이산가족 상봉 신청을 해놓고 엄마가 내뱉는 속 타는 한숨은 천 개의 불을 살가죽에 엎질러 놓고 고문을 견뎌내는 사람처럼 보였다. 2014년 2월 21일 이산가족 상봉 날에 엄마는 '당신 언니는 한 달 전 고인이 되었다'는 안타까운 소식을 접하며 금강산호텔 북에서 내려온 조카들을 껴안고 통곡했다. 겨우 받아 든 당신 언니의 사진 한 장 낯선 노인이 낯선 노인의 사진을 오래도록 보고 계셨다. 60여 년의 거대한 세월을 움켜쥔 두 손이 파르르 떨리는 것이 보였다.

조카들이 가져온 사진 한 장에 뚝뚝 떨어지던 눈물. 반세기가 넘도록 품어온 그리움. 눈물의 사리함을 넣어둔 엄마의 눈 밑 두덩이가 점점 더 부풀어 올랐다.

2020년 6월 8일 그녀의 사망신고를 하고 가족관계증명

서를 봤는데, 그녀의 엄마는 이위숙李渭淑 1908년생 경주이씨. 그런데 그녀의 아버지는 생년월일도 본적도 없다. 그녀가 어릴 때 들었던 이야기는 "아버지는 아내가 고문으로 죽고 본인도 다시 언제 또 고문을 당하실지 몰라서 아예 호적을 파낸 후 유랑자로 떠돌아다니다가 세상을 등졌다"고.

그 당시 그녀의 나이 겨우 12세 그녀의 남동생 8세를 두고 유랑 길을 택해야만 했을 그녀의 아버지……. 〈바위와 바위 괄호 속에서 태어났다, 척박한 땅 풀들은 죽어가고 공허한 하늘만 가득한 부도수표 같은 날들, 빈 몸 대신 빚이 그렁그렁 쌓이는 괄호 속에 갇힌 채 멀뚱거리는 나무, 벼랑 끝에서도 방울을 달고 짐을 부리듯 괄호 하나를 열고 닫고 오늘은 태어날 괄호도 없는 그녀를 본다〉고.

이렇게 너무나 뼈아픈 가족사를 대서사시로 써 내려간 시인은 끝으로 주인공 '그녀'가 누구인가를 소개하며 그녀를 보고 있는 시인 자신을 슬쩍 드러냄으로써 일단 막을 내렸는데, 그런데 시인의 사설은 〈거미가족–낙지–겨울산–당신–가시면류관–만년의 사색〉으로 끝났다고 끝난 게 아니게 이어진다.

    비가 하늘로 그냥 맥없이 돌아간 적 있더냐
    대지의 초목을 적시고 갈증의 구멍을 메꾸고

제 할 일 다 한 후에야
제 몸에 묻은 잔여물까지 털어내며 돌아가는 것이다

앉아서 쉬는 시간도 아까워
수건으로 툭툭 부지런히 길을 가며
검불을 털어내던 당신
하늘나라에서도 그 버릇 못 고치셨는지
잠시 지상에 내려와
부지런히 제 할 일 하신다

비가 땅에 닿아 잠깐 뜀박질할 때마다 파이는 작은 구멍들
그것들
땅에 에너지를 심는 찰나여서
지상 모든 것들의 바짓가랑이가 젖고

당신의 딸이 거주하는 도시 한복판
빌딩의 유리창과 틈을 구석구석 돌아 청소를 하고
그것도 성에 차지 않다는 듯
웅덩이마다 제 몸 부풀려 상처를 덮는

만년을 사색해도 다 알 수 없는

내 안의 당신

- 「만년의 사색」 전문

 이 시는 4수의 사설시조로 구분되는데 분석하자면 다음과 같다.

 시조를 자수 중심이라 고집한다면 (①비가 ②하늘로 그냥 ③맥없이 ④돌아간 적 있더냐) 라는 초장에서 '비가'라는 2음절에 의문 부호를 달 수 있다. 그러나 앞서 언급했듯이 현대의 시조는 자수 중심이 아니라 걸음(시간) 중심임이 이미 사실이므로 한 마디가 1음절이거나 2음절이거나 또는 10음절이거나 거기엔 태클을 걸지 말기 바란다. 다시 말하면 '비가'도 한 걸음, '하늘로 그냥'도 한 걸음, '맥없이'도 한 걸음, '돌아간 적 있더냐'도 한걸음에 읊으라는 거다. 그러면 '돌아간 적 있더냐'는 조금 빨리 읽어야 하며, 그래서 자연히 리듬이 살아난다. 이쯤이면 사설시조가 산문시가 아니라는 것도 덩달아 알게 된다.

 어쨌든 도입부에서부터 흡입력을 발산하는 「만년의 사색」을 냉철하게 들여다본다. '비가 하늘로 그냥 맥없이 돌아간 적 있더냐'에서 우리는 초장부터 웬 낯선 물음표에 빠지고, 비가 내려와서 그 어떤 역할을 한 후 하늘로 돌아가는 상상을 하게 된다. 비가 땅에 떨어져 땅속으로 스며 땅을 촉촉하게 해주거나 시내를 적셔 냇물이 좔좔 흐르게 하거나 강이나 바다에 합류하여 출렁인다는 것이 보편적인 발상인데, 그게 그냥 그러고 마는 게 아니라 하늘로 돌아가다니, 궁금증 유발이다. 하지만 시인은 다음 행(1-중장)에서 〈⑤대지의 ⑥초목을 적시고 ⑦갈증의 구멍 ⑧메꾸고〉라는 진술을 함으로써 일련의 공감대를 유도한다. 비가 하늘로 돌아간다는 표현이 언뜻 보아 관념적으로 여겨지지만 중장에서의 진술이 초장의 관념을 받쳐주는, 매우 이상적인 시 쓰기 방식을 취했기 때문이다. 그러면 1-종장 격인 〈⑨제 할 일 ⑩다 한 후에야 ⑪제 몸에 묻은 잔여물까지 털어내며 ⑫돌아가는 것이다〉는 진술이 아닌가? 이 역시 진술이 아닐 수 없다. 그런데 제 몸에 묻은 잔여물까지 털어내고 돌아가는 비? 이건 너무나 자연스러운 의인화 기법으로써 비는 그냥 비가 아니고 어떤 사람, 또는 그의 혼이다. 그의 혼이 여러 갈래의 빗줄기가 되어 내려왔다가 제 몸에 묻었을 잔여물까지 털어내며 어떤 증기처럼 다시 돌아간다는 것. 그런데 만년을 사색해도 모를 비의 혼, 그 몸이 속세에 살았을 때의 정체는 무엇일까? 처음부터 무엇을 쓰려 했다고 설명했었다면 아마도 이 시는 더 이상 읽히지 않았을 거다. 그렇다. 여기엔 '숨김'의 매력, 또는 복선이 존재한다. 추리소설과 같은 쫄깃쫄깃한 긴장의 기대감도 동반하고 있다. 그러므로 조윤주의 시가 사설시조 풍이라는 거다. 시 본문에 이야기를 담는다는 것. 일반적인 시도 거기에 어떤 메시지를 담는 이야기가 있어야 하니 특이하지 않다고 할 수 있지만, 조윤주의 시에 숨은 시조 종장 첫 구(걸음·마디)의 기능이 주목된다. 시조의 종장 첫 구는 가능한 독립단어인 불변의 3음절이고 '긴장'이다. 이 시에서 사설시조로 볼 때의 1수 종장 첫 구 역시 '제 할 일'은 토씨 하나 안 붙인 올데갈데 없는 3음절이다. 2연(2수)에 그 의인화 기법이 (①앉아서 ②쉬는 ③시간도 ④아까워 ⑤수건으로 ⑥툭툭 ⑦부지런히 ⑧길을 가며 ⑨검불을 ⑩털어내던 당신 ⑪하늘나라에서도 그 버릇 못 고치셨는지 ⑫잠시 지상에 내려와 부지런히 제 할 일 하신다) 확연히 드러난다. '비'를 어떤 부지런한 사람의 혼으로 설정하지 않았다면 이런 문장이 나올 수가 없다. 정말 흥미진진한 발상이며 사실적으로 다가오면서도 어떤 그리움을 함뿍 담고 있는 부분이다. 그리움의 대상은 과연 무엇일까? 그가 땅에 닿으면 어떤 모습으로 변할까? 3연, (①비가 ②땅에 ③닿아 ④잠깐 ⑤뜀박질할 ⑥때마다 ⑦파이는 ⑧작은 구멍들 ⑨그것들 ⑩땅에 에너지를 ⑪심는 찰나여서 ⑫지상 모든 것들의 바짓가랑이가 젖고) 아니 세 번째 수에서 시인은 '비'가 땅에 닿아 톡톡 튀는 모습과 뜀박질하는 모습, 그럴 때마다 파이는 작은 구멍들을 정밀 묘사한다. 그리고 종장 첫걸음 3음절을 '그것들'이라는 독립단어로 수식하되 일련의 긴장감을 유도한 다음 '땅에 에너지를'의 6음절이라는, 시조 종장의 두 번째 구(5~9음절) 이완을 서술한 다음 (⑪심는 찰나여서 ⑫지상 모든 것들의 바짓가랑이가 젖고) 종장 셋째 걸음(6음절의 중간음역)과 넷째 걸음(15음절의 약간 긴 음역)을 걷고서야 한숨 돌린다. 그리고 곧장 네 번째 연(넷째 수)으로 돌입하는데, (①당신의 딸이 ②거주하는 ③도시 ④한복판 ⑤빌딩의 ⑥유리창과 틈을 ⑦구석구석 돌아 ⑧청소를 하고 ⑨그것도 ⑩성에 차지 않다는 듯 ⑪웅덩이마다 제 몸 부풀려 상처를 덮는 ⑫만년을 사색해도 다 알 수 없는 내 안의 당신)이라고 시를 완결한다. 시인은 바로 이 마지막 수에 '비'의 정체를 밝혔다. 〈①당신의 딸〉이라는 도입부와 〈⑫……내 안의 당신〉에 짚어놓은 '어머니'라는 존재이다. '만년을 사색해도 다 알 수 없는' 어머니란 이름의 위대함. 그러고 보면 '내 안의 당신'은 시인의 어머니인 동시에 지구상 만물의 어머니가 아닐 수 없어서, 이 시가 가진 깨달음과 의미는 말할 수 없이 크게 확장된다. 내 가족에 한정한 소소한 의미의 사설이 아니다. 온 지구, 또는 우주의 섭리에까지 다다라 있는 사설이라는 말이다. 좀처럼 만나기 쉽지 않은 시고 시조이고 시인이다.

3.

3부 4부에서는 사설시조로서의 여러 양상이 혼재해있는데, 우선 씨앗 하나가 퍼져 언덕에도 시멘트 틈에도 사방팔방 온 마음 다하여 피어나는 힘. 그 힘을 '당신의 혈통'이라 비유하는 「씨앗 하나의 힘」을 분석한다. 첫째 수는 초장이 〈①봉오리가……④구불구불 울퉁불퉁 사투를 벌인……〉까지로 구분(32+21+15+22=90음절)되고, 중장이 〈⑤꽃은 ⑥결코 ⑦혼자 ⑧피지 않습니다〉까지로 구분(2+2+2+6=12음절)되며, 종장은 〈⑨밤사이 ⑩바람의 발을 ⑪빌려 언덕을 오르고 내려가며 ⑫서로의 터전을 살폈을 꽃들 사이 누런 이파리들이 제 한 몸 썩어〉까지로 구분(3+5+12+25=45음절)된다. 그래서 「씨앗 하나의 힘」 첫째 수는 초장이 가장 길고 중장이 가장 짧으며 종장이 약간 긴 형태의 사설시조로 구분된다. 그리고 둘째 수는 초장이 〈①거름이 ②되겠다고 ③뿌리 곁에 더 가까이 ④누워 있습니다〉까지로 구분(3+4+8+6=21음절)되고, 중장이 〈⑤언덕에도 ⑥시멘트 ⑦틈에도 ⑧사방팔방〉까지로 구분(4+3+3+4=14음절)되며, 종장은 '⑨온 마음 ⑩다하여 피어나는 그 힘 ⑪당신의 ⑫혈통입니다' 까지로 구분(3+9+3+5=20음절)되는데, 그래서 「씨앗 하나의 힘」 둘째 수는 초장과 종장이 비슷하게 길고 중장은 평시조의 전형적인 14음절 길이의 형태로 안정적인 호흡을 유지하고 있다.

　이는 시인 조윤주가 현대적 감각으로 행과 연을 자유스럽게 썼으나, 한국인의 주 호흡법인 사설시조에서 벗어나지 못했음을 보여주는 예이며, 의도적인 사설시조가 아니기에 더더욱 빛을 발하는 시작법이라고 할 수 있다. 그리고 초·중·종 3장의 음절 길이가 변화무쌍하면서도 일정한 노랫가락으로 읊어지므로 하여 '사설시조는 절대로 산문시가 아니다'라는 점을 인식시키고 있다. 사설시조를 단순한 산문시로 폄하시킴은 오늘날의 랩음악은 음악이 아니라고 도리질 치는 거나 마찬가지다. 「씨앗 하나의 힘」 첫째 수 초장 1구를 다시 들여다보면 32음절로 이 기나긴 음절을 한걸음에 표출해야 하고, 그러려면 이 부분은 촘촘히 읽어야 하는데, 이것이 시조의 음악성이며 묘미이다.

연이어 사설시조 4수로 볼 수 있는 「모성의 안쪽」을 본다.

1-초장 〈①두려워 마라! ②코브라가 알을 품고 있는 어미 닭을 공격할 때 ③어미는 ④날개를 한껏 부풀려 그 목을 쪼더라〉 1-중장 〈⑤온전한 생은 ⑥주변 모든 것들의 눈을 깨우고 ⑦생까지 덥혀야 가능한 것 ⑧하여,〉 1-종장 〈⑨이미는 ⑩코브라의 눈을 ⑪피하지 ⑫않느미〉 2-초장 〈①누가 ②보이지 않는 것이 ③시간이라고 ④했느냐〉 2-중장 〈⑤질기고 질긴 모성애로 ⑥시간은 뼈가 되느니라 ⑦너의 몸을 지탱하는 것은 ⑧거룩한 사랑이다〉 2-종장 〈⑨날개를 ⑩들여다보라! ⑪어미의 물리고 베인 상처 위에서 ⑫너의 맥박은 뛴다〉 3-초장 〈①코브라가 ②약자의 둥지를 ③떠난 적 ④있더냐〉 3-중장 〈⑤사방이 ⑥날름거리는 ⑦혀와 ⑧독이다〉 3-종장 〈⑨그래도 ⑩두려워 마라! ⑪두 날갯죽지를 열면 보송보송 솜털 가득한 ⑫체온의 방이다〉 4-초장 〈①이 지상에 사랑으로 도태되는 비행(飛行)도 있나니 ②꼬끼오 꼬꼬꼬꼬 ③돌고 돌고 돌아도 ④마당 한 바퀴의 생〉 4-중장 〈⑤새털 같은 날들을

새털처럼 품고도 ⑥결코 새가 될 수 없었던 ⑦솜뭉치 같은 생애 ⑧뒤돌아보지 마라〉 4—종장 〈⑨헛날개 ⑩펼쳐 몸을 부풀린 ⑪매서운 눈물과 ⑫마주하리라〉

  코브라가 나타나 공격 태세를 취했다. 알을 품고 있던 어미 닭은 코브라를 똑바로 보며 날개를 한껏 부풀리고선 코브라의 목을 쫀다. 그러나 어미 닭을 지탱하는 것은 거룩한 사랑일 뿐, 날개를 들여다보면 물리고 베인 상처투성이로 두근두근하는 맥박을 감추고 있다. 약자의 둥지를 떠난 적이 없는 코브라. 사방이 날름거리는 혀와 독. 그래도 어미는 굴하지 않는다. 돌고 돌아도 마당 한 바퀴일 뿐이지만, 어미 닭은 알을 지켜내려는 의지를 죽어도 내려놓지 않는다. 결단코 새가 될 수 없었던 솜뭉치 몸이지만 말이다. 그런데 이것이 어찌 어미 닭에 국한한 일이랴. 그렇다. 시인은 여기서도 만년을 사색해도 모를 '모성애'를 이야기하고 있으며, 어미의 눈물을 말하고 있다. 어미의 눈물은 울다 울다가 껍데기만 남았고, 그래서 눈물껍데기는 거룩한 깃발로 추앙받아야 마땅하다고, 시인은 이 시집에다 그렇게 링크를 걸어놓았다.

  3부에서 사설시조 종장 4걸음(마디) 모두를 놓아본다.

씨앗 하나의 힘

1-⟨⑨밤사이 ⑩바람의 발을 ⑪빌려 언덕을 오르고 내려가며 ⑫서로의 터전을 살폈을 꽃들 사이 누런 이파리들이 제 한 몸 썩어⟩

2-⟨⑨온 마음 ⑩다하여 피어나는 그 힘 ⑪당신의 ⑫혈통입니다⟩

덤

1-⟨⑨허물만 ⑩남은 옥수숫대들 사이 ⑪빛을 굴려 작은 구슬을 꿰어 걸은 ⑫거미줄도 보인다⟩

2-⟨⑨옥수수 ⑩수염 한 가닥이 ⑪옥수수 한 알이라는 꽃가루받이에 대한 설명을 듣다가 ⑫청상과부 아부지의 그림자를 끼고 살아온 당신의 손을 잡는다⟩

3-⟨⑨옥수수 ⑩같은 당신이 ⑪모처럼 달다 ⑫맛있다 웃는다⟩

모성의 안쪽

1-⟨⑨어미는 ⑩코브라의 눈을 ⑪피하지 ⑫않는다⟩

2-⟨⑨날개를 ⑩들여다보라! ⑪어미의 물리고 베인 상처 위에서 ⑫너의 맥박은 뛴다⟩

3-⟨⑨그래도 ⑩두려워 마라! ⑪두 날갯죽지를 열면 보송보송 솜털 가득한 ⑫체온의 방이다⟩

4-⟨⑨헛날개 ⑩펼쳐 몸을 부풀린 ⑪매서운 눈물과 ⑫마주하리라⟩

옹벽 혹은 서표

1-⟨⑨집 한 채 ⑩당신인 것을 알겠네 ⑪삐걱삐걱 집이 ⑫육탈(肉脫)하는 소리 들리네⟩

2-⟨⑨자식들 ⑩다 키워내고 나니 ⑪아프지 않은 곳 없다며 주먹을 쥐고 종아리를 손수 치던 가만가만 펼쳐보니 빗금이 가득하네 ⑫금이 간 옹벽에서 당신이 견뎌낸 세월을 보네⟩

이별을 먹다

1-⟨⑨천 개의 ⑩불이 엎질러진 ⑪몸의 열꽃들을 잘라 ⑫레몬나무를 접목할까⟩

2-⟨⑨그래도 ⑩꼭 가시려거든 ⑪주렁주렁 자식 많이 달린 청상과부 말고 지아비 사랑 가득한 천국으로 가시라! ⑫그곳이라면 당신 가는 길에 꽃이 되겠다⟩

J의 기호

1-⟨⑨두 팔을 ⑩벌리면 드디어 ⑪완성되는 ⑫인간 십자가 오묘한 궁휼이다⟩

2-⟨⑨그분이 ⑩미소 짓고 계실 것 같아 ⑪두 팔을 벌려 ⑫위아래로 흔들어본다⟩

레드우드

1-⟨⑨말없이 ⑩껴안은 바위를 ⑪놓지 않는 ⑫것이다⟩

2-⟨⑨말없이 ⑩껴안은 바위를 ⑪놓지 않는 것이다"⑫J! 지구를, 인간을 온몸으로 들고 계시는 당신

숲

〈⑨암갈색 ⑩나무의 표피를 보면서 ⑪씨도둑은 못 한다는 어르신 말씀이 생각나

혼자 웃었습니다 ⑫누가 한 명이라도 아프면 한 빛깔로 어두워진다는 것을 숲은 아주 오래전부터 알고 있었습니다〉

지붕 위의 잠

〈⑨도르륵 ⑩바람에 맞춰 구르는 ⑪저 물방울이 고양이의 울음이 뭉쳐 구른다는

낯선 생각에 젖는다 진흙투성이가 된 당신을 연못 위에 올려놓고 갸르릉 갸르릉

부드럽게 비벼대던 고양이 한 쌍을 떠올리는 것이다 ⑫밤이 무게를 견디지 못하고 부러지는 것은 그리움에도 중량의 크기 있기 때문이라는 생각 지우기 못한다〉

화포메기국

1-〈⑨그것은 ⑩침샘에 잠들었던 ⑪기억을 깨우는 일, ⑫미처 숨기지 못한 그녀의 세월 함께 딸려와 씹힌다〉

2-〈⑨밤마다 ⑩늑골에 쌓인 비린 옷 ⑪한 벌을 벗는 낮은 지붕 보인다 ⑫그녀가 고단함을 툭툭 털어두는 뒤꼍 목질화된 초화草花들이 군침을 삼키며 고개가 기울어지는,〉

점 하나를 열고

1-〈⑨그것은 ⑩부드럽지만 단단한 ⑪알의 표피 ⑫배를 쫙 갈라보면 노른자위 선명한

또 하나의 집 보인다〉

2-〈⑨경직된 ⑩제 거죽을 풀어 ⑪이젠 거름이나 되어 보겠다고 흐물흐물 흙의 귓부리를 잡고 속삭인다 ⑫아낌없이 다 풀어낸 생애를 닮으며 너 누군가를 이토록 오래 껴안아 본 적 있느냐 슬쩍 묻는다〉

인생의 광장에서

1-〈⑨하지만 ⑩햇살의 문은 ⑪좀처럼 열리지 않았다 ⑫엿장수의 몸놀림이 점점 뜨거워지고〉

2-〈⑨고뇌가 ⑩숨은 듯도 했다 ⑪가난한 숨소리가 절반을 차지한 인생의 광장 나는 오랜 시간 그곳에 머물렀다 ⑫주머니의 돈은 달랑거렸고 사랑은 적립된 이별로 뒹굴었다〉

3-〈⑨냉동된 ⑩터널을 지나야 ⑪봄이 온다고 ⑫키득거리는 계절이었다〉

오기

1-〈⑨더 이상 ⑩양보는 없다는 듯 ⑪시멘트 바닥에 누워 ⑫시위를 한다〉

2-〈⑨마지막 ⑩발악이라도 ⑪해보고 ⑫싶은 것이다〉

3-〈⑨바닥에 ⑩찰싹 붙어서 ⑪마지막 숨을 ⑫내뿜는 것이다〉

접착제는 어디에

1-〈⑨바람은 ⑩남은 한 귀퉁이를 ⑪떨어뜨리기 위해 ⑫강한 비바람을 몰고 와 불고 있었지〉

2-⟨⑨더 이상 ⑩찢어질 것도 없는 ⑪그것들과 함께 ⑫펄럭거렸지⟩

3-⟨⑨점성이 ⑩바닥난 채로 ⑪귀퉁이 한쪽을 ⑫오랫동안 붙들고 있었지⟩

이같이, 『눈물껍데기』 전체 시에서 시조로 구분되지 않는 시가 단 한 작품도 없는데, 독자의 이해를 돕기 위하여 4부의 「어떤 스님」을 놓고 분석해보면 다음과 같다.

살아야 할 현실이 살아야 할 먼 길처럼
물먹은 나뭇등걸이다.
뿌리
없는
몸통이다
도끼날에 찍혀 불이 되는 열반
스님 한 분 스스로
장작이 되는 걸 뉴스로 본다

– 「어떤 스님」 전문

이 작품을 시조로 분석하면 첫 행은 초장으로 ⟨①살아야 할 ②현실이 ③살아야 할 ④먼 길처럼⟩까지이며, 중장은 ⟨⑤물먹은 나뭇등걸이다. ⑥뿌리 없는 몸통이다 ⑦도끼날에 찍혀 불이 되는 열반

⑧스님 한 분〉까지이고, 종장은 〈⑨스스로 ⑩장작이 되는 걸 ⑪뉴스로 ⑫본다〉이다.

뉴스! 바로 지금 일어난 일을 지금 쓰는 언어로 기록하는 일이 시조 쓰는 일이다.

시조의 시時는 '때·시간'이며, 그래서 바로 이 시절을 노래하는 '시절가'라는 별명을 지녔기도 하다. 우리 가곡의 가사들은 대부분 시조에서 나왔는데, 그 대표적인 것이 이은상 시조 홍난파 작곡 「가고파」「봄처녀」이다. 「가고파」 1절에서 시조 종장 부분만 번호로 짚어보면 〈⑨지금도 ⑩그 물새들 날으리 ⑪가고파라 ⑫가고파〉〈⑨오늘은 ⑩다 무얼 하는고 ⑪보고파라 ⑫보고파〉〈⑨온갖 것 ⑩다 뿌리치고 ⑪돌아갈까 ⑫돌아가〉〈⑨그 날 그 ⑩눈물 없던 때를 ⑪찾아가자 ⑫찾아가〉이다.

이같이, 평시조가 가곡의 가사로 손색이 없다면 사설시조는 랩음악의 가사로 훌륭하게 쓰일 수 있다. 사설시조는 일명 운율을 지닌 이야기 문학이며, 이야기라 하면 랩음악의 주 모티브이기 때문이다. 사설시조나 랩이나 사람 사는 이야기를 긴박 변화무쌍한 노래로 풀어 예술로 승화시키는 점에서 가히 동질의 몸을 하고 있다고 볼 수 있으며, 둘이 다 첨단을 걸어가는 예술임이 분명할 것이다.

조윤주 시인이 이 시집에서 주는 메시지, 눈물껍데기는

단순한 껍데기가 아니다. 하나의 점일 수도 있고 하나의 씨앗일 수도 있으며 모천으로 회귀하는 어머니일 수도 있는 그것들은 하나같이 알맹이를 다 빼내어 주고 껍데기만 남기는데, 그것들의 알맹이가 통칭 눈물이다. '누군가는 슬픔의 사체를 바다 비린내라고 하고 누군가는 짜디짠 바닷물을 살아있는 것들의 눈물이 스며들었기 때문이라 하고'(「2006.6.8 죽음을 만지다」) 그래서 시인은 눈물껍데기를 쉬이 놓질 못한다. 껍데기가 알맹이던 때를 하나하나 반추하면서, 그 알맹이가 길러냈던 자식들을 조명함으로써 껍데기마다 '영광의 상처' 같은 깃발을 달아주었나 보다. 이 책의 제목이 『눈물껍데기』인 것만 보아도 그 사실이 나타나는데, 그러려고 보니 자기 자신도 모르게 사설시조 율격이 드러난 것 같다. 시인은 한국인이고, 사설시조의 형식은 한국인의 주 호흡에 따라 읊어지기 때문일 것이다. 역으로 보면 금방 사설시조라고 알아볼 행 배치에서 탈피한 자유시 형태의 사설시조를 썼다고 할 수 있는데, 이러한 시 쓰기는 가장 한국적이어야 할 우리 시문학에 좋은 본보기 역할을 할 수 있다고 본다. 청룡이 비상하는 형국의 새해 벽두에 귀하고 알찬 시집 한 권을 통독하였고, 두고두고 음미하고 싶다. 기쁘기 한량없는 마음 주체할 수가 없다.

상상인 시인선 **048**

눈물껍데기
조윤주 사설시조집

초판인쇄 2024년 1월 29일 **초판발행** 2024년 2월 1일
펴낸곳 도서출판 상상인 **펴낸이** 진혜진
표지디자인 최혜원 **기획·마케팅** 전은빈 최유림 노혜림 정현수
책임교정 종이시계 **편집** 세종PNP
등록번호 제572-96-00959호 **등록일자** 2019년 6월 25일
주소 06621 서울시 서초구 서초대로74길 29, 904호
전화번호 02-747-1367, 010-7371-1871
팩스 02-747-1877 **전자우편** ssaangin@hanmail.net

ISBN 979-11-93093-40-5 (03810)

값 12,000원

* 이 시집은 한국예술인복지재단 창작지원금으로 출간되었습니다.
* 이 책은 전부 또는 일부 내용을 재사용하려면 반드시 저작권자와 도서출판 상상인의 동의를 받아야 합니다
* 이 도서의 국립중앙도서관 출판시도서목록(CIP)은 서지정보유통지원시스템 홈페이지(http://seoji.nl.go.kr)와 국가자료공동목록시스템(http://www.nl.go.kr/kolisnet)에서 이용하실 수 있습니다.
* 이 책은 교보문고와 연계하여 전자책으로도 발간되었습니다.